はじめに

コロナ禍がある程度収束して、日常生活がかなり戻ってきました。これまでかなり制限の多かった遠隔での講義がほとんど解消され、通常の教室での学習ができるようになってきています。数年前の気軽な遠隔授業に慣れてしまっていると、本来の教室で受ける授業には多少抵抗があるかもしれません。でも先生の顔を直接見ながら、周囲の学友たちと共に学ぼうとする、本来の授業の形式はありがたいことでしょう。また少人数の実習の重要性の価値もあらためて理解できるはずです。

私は大学教員として五十年近く、学生教育を担当してきています。さらに言えば、私自身は幼稚園から大学附属幼稚園で過ごし（ほとんど記憶は残っていませんが）、その後大学附属の小中高校で学んできました。学校では各々の大学から来られた、教育専門の魅力あふれる諸先生から教えをいただきました。そこで種々のことを学び育ってきました。一方、私自身も、大学卒業後学位取得の後、大学の教員として長年勤めてきています。そこで多くの大学生や若手研究者の指導をしてきました。その意味では、六十年あまりを大学にお世話になってきたことになります。

長年の教育の経験や、学生たちとのふれあいから、さまざまなことを学んできました。特に教員から生徒や学生に一方的に教え授けるだけでなく、教え教えられて、双方が共に学ぼうという姿勢を体得してきたように思えます。

大学附属の学校では、いろいろな新しい試みを取り入れています。またその周囲には、教育実習で回ってこられる教員の卵となる大学生たち（教生の先生）も来ています。若手の教員からいろいろな刺激を受けました。高校生の頃には年齢も近いため、クラブなどの学生生活を共に過ごしたり、当時課題となっていた学生運動などについて、一緒に議論や意見交換をしたりして、大いに勉強になりました。

このような意欲的な教育指導に刺激されたのでしょう。同級生の中には教職に就いた仲間たちが数多くいます。また私自身も北海道大学では長年勤めていたこともあり、学部長の要職についたり、大学本部の運営委員会に参加したりする機会もありました。そこでは大学教育の在り方について考えを深めたり、あるいは周囲の仲間と議論したりしたものです。その中でどのように大学での教育のレベルアップを図るか、また学生生活をどのようにして有意義なものにできるかなどについて意見交換をしていきました。また文部科学省に出向いて、大学の実情や今後の展開について相談する機会もありました。彼らはこちらの意向を真摯に受け取ってくださいます。ただ短期間に人事異動されることが多く、継続的な意見交換ができないことが何度もありました。

大学生活を共に過ごしてきた友人や、その周囲の卒業生たちに聞くと、**ほとんど皆が口をそろえて、大学生活が人生の中で最も充実していたと話してくれます。皆さんはまさに人生の中で最も価値のある学生生活を過ごしているのです。**

この本では、これまでの私自身の経験を交えつつ、大学生活の有意義な過ごし方について紹介していこうと思います。特にこれから大学生として学ぼうとする、あるいは学びつつある皆さんに少しでも役立てていただければ、と考えています。

大学生活をどう過ごすかはあなた次第です。皆さんに、少しでも大学生活を楽しみ、人生の中で価値の高いものにしていただきたいと願っています。

目次

1．大学の特徴

①大学の特徴を理解する

大学はこれまでの中学・高校とは全く異なります。教育される内容は、これまでの知識を中心とした教育とは異なり、学んだ知識の上に立って、知恵を高めることが主体となります。中学・高校では、社会人として必要となる最小限の知識を、教育専門の教員によって教えようとします。一方で**大学では**、それぞれの学生のもつ個性や長所などの特性を伸ばすことを重点的に指導していきます。特に**学生自身が考える姿勢を重視**します。**大学は学生を大人として扱います。その意味では自己責任を重視します。**中学高校の時のように、あれこれ注意される機会はほとんどないでしょう。

大学は中学や高校と同様に、「学校教育法」という法律に基づいて設立されています。これは国公立大学、私立大学にかかわらず、全国どこの大学も同じ規定で設立されています。教育を受ける側の呼び方は、小学校では児童、中学高校では生徒に対して、大学では学生になります。

小中高の教員が教職資格を有しているのは当然です。でも大学で教鞭をとられる大学教員の多くは、教職の資格を持ってはいません。大学で受けるのは高等教育であり、小中高の学校で受ける初等・中等教育とは大きな違いがあります。大学の先生には研究の発展や研究指導という大きな役割があります。逆に教職の資格がなくても、教員になることができるのです。その意味では、大学内で上手に教育される先生もいますが、教育の下手な先生も数多くいます。でもそのような先生でも、ご自身が進めている研究テーマに関することについては、上手に紹介してくださるでしょう。**大学では学生自身が前向きに学習していく姿勢が求められています。**

このように大学は、**これまで学んできた中学高校とは大きく異なった環境であること**を理解しておいてください。中学高校では、知識を習得することが主となります。したがって生徒は正しい知識を学習し、習得していきます。特に高校生の時には、どうしても試験の点数や偏差値を重視した教育となり、ともすれば暗記などの学習技術に重点がかかるかもしれません。でもいったん大学に入学したのであれば、**あまり点数は気にかけず（もち**

ろん落第は避けるべきですが）、もう少し広い視点に立って教養を身につけてください。とりわけ自分で考える力を磨いてほしいものです。

大学で学習することは一般教養をはじめ、さまざまな選択授業があり、自分の希望する教科をとって勉強して楽しめるはずです。学習内容については後述しますが、学生の皆さんに、大学の特徴を理解して、学生生活を存分に楽しく、有意義に過ごしていただきたいものです。

②所属する大学、学部

大学での学習や生活のことを紹介していきます。最初に自分の入学した大学や学部（専門分野）の理解から始めましょう。大学進学の際には、各大学・学部の入学偏差値を見てきたことと思います。ある程度の学力があって、偏差値の高い難関大学、学部を志望された人も多いでしょう。大学を選ぶときに、学部はどこでもよいから有名な大学に入りたい、という意見はよく耳にしますし、その挑戦心は理解できます。大学のランキングは以前よりよく知られています。東京大、京都大を頂点として、旧帝国大学（七大学）や東京工業大と一橋大が続きます。私立大学ですと、関東では早稲田大と慶応大、関西では「関関同立」といわれる、関西学院大、関西大、同志社大、立命館大が常に挙げられます。

どの地域の大学に進むかは、それぞれの皆さんにとって大切です。これまで地方で生活をしてきた高校生にとっては、都会の大学に進学することにあこがれをもつことは理解できます。もちろん、それぞれの地方にある大学も十分な魅力があります。なにより住み慣れた家から通うことができれば、いろいろな意味で便利です。都会での下宿や寮での生活も魅力がありますが、生活面や経済的な面で種々の制限はあります。これらのことを総合的に判断して、自分に合った大学、学部を選ぶことが大切です。

高校の進路指導の先生は、成績の良い高校生には前述した名のある大学への進学を強く勧めるかもしれません。高校にとっては、難関大学に何人入学したかがその高校の評価の一つの指標となっているためです。きっと皆さん方も、学校から難関大学・学部への入学の挑戦を勧められたことでしょう。でも大学に入学して、その学部で専門の道を歩んでいくのは本人です。

大学によっては入学後、専門の分野を選択できる可能性もありますが、多くの場合、**入学した学部によって、その後の進路はかなり限定されていきます。**それなりに難関とされる大学に入ると、周囲は成績の良い学生が多く、お互いに魅力的な人間関係を作ることで、大いに刺激されます。ただ、専門の道を歩むのは本人です。**できればこの分野に興味があるからそこの学部に行きたいとか、将来はその分野で働きたいから、といった動機を大切にしてもらいたい**ものです。

皆さんの選ばれた学部には、文学人文系、法律経済学系、教育学系などの文系があります。また理工学系、生物系、農林水産系、医歯薬学系（看護学や獣医学などを含む）などの理系があります。自分自身の科目の成績や得意分野で、その選択をされたことでしょう。

最近の入学試験の傾向を見ると、十八歳の人口の減少と、四年制大学の定員増があり、入学競争は緩和されつつあります。卒業時に資格を取得できる学部は、従来通り入学希望者は多いようです。一方で資格取得とは関係のない学部を中心に入学希望者が少なく、定員割れを起こす危険性が高い大学学部がかなりの数に達していることを耳にします。今後大きな入学定員割れをしたり、あるいは大学そのものを閉鎖する私立大学が増えてくることが予想されます。選抜する側も、既卒生志願者（浪人生）より現役を選ぼうとする傾向があります。元気でフレッシュな学生を入学させようという意図が働くのでしょう。

国公立大学と私立大学とは、入学金や授業料が大きく異なっています。それでは国公立大学が私立大学より教育レベルが高いかというと、必ずしもそうとは言えません。私立大学は自由で独特の教育研究システムを整えていて、魅力あふれる授業がなされているところが多いようです。また、歴史ある多くの私立大学では卒業生も多くて、将来社会人としても活躍できる土壌が整っています。

国立大学の中でも、東京大学や京都大学は皆のあこがれる大学です。ただ学内は何の変哲もなく、特別優れた授業はなされているとは限りません。東大の理科Ⅱ類の授業を少しだけ参観したことがあります。この分野は成績に応じて、理工学、生物学、さらには医学部を選択できるようになっています。ただし、理科Ⅱ類から医学部へ編入することは極端に厳しく、かなりの勉強を覚悟しないといけないようです。それ以外の分野であれば、ある程度の成績があるなら、自分に合った学部・分野を選べるようです。一方で京都大学をはじめ多くの大学では、入学時に学部がはっきり決まっています。特別に希望をして許可される特殊な場合を除いて、入学時に決めたそれぞれの学部に進むことになります。

ほとんどの学部では、二年生の頃から専門分野の授業や実習などが始まります。以前は教養課程が二年間あり、その間は自由奔放な授業を選択できました。でも最近では、専門教育の割合が増大して、教養課程の期間は短くなってきています。ただ教養課程はもちろん、専門課程についてもその内容は、大きな大学ではそれほどの違いはありません。

入学偏差値のあまり高くない大学は、どこも教育には大変熱心です。入学時の学生の学力はさほど高くなくとも、魅力あふれる授業や専門家によるセミナーを数多く取り入れていることが多いです。そしてもし卒業時に国家試験などの資格をとるのであれば、その試験に皆が合格できるように、先生方は必死になって指導をしてくださいます。卒業前の少なくとも数カ月は、卒業試験や国家試験に備えた、特別な教育が組まれていることがほとんどです。熱心な教育プログラムと高い合格率や資格取得を示すことで、その大学の評価を少しでも高めて、多くの優秀な学生が入学するようにと各大学は努力をしているのでしょう。このような大学では、入学後の熱心な教育の結果、入学後の学生の成績はかなり伸びて、卒業する頃には好成績に成長していることが多いようです。入学は比較的やさしくても、入学後の教育は厳しく、卒業までしっかり面倒を見てくれる、ということでしょう。

理系の専門分野の中から、理工系や生物科学系か、あるいは医学薬学系かの選択に迷ってきた人も多いでしょう。

理工学系の仕事の方が、医療系の仕事より取り組む仕事のスケールははるかに大きいと言えます。ものづくりを通して社会に大きく貢献できる可能性があります。また、周りの生活環境に関する職務はもちろん、国家、国土、海洋、環境、さらには宇宙に関係するような壮大な視野に立って仕事ができるのは、大きなやりがいがあるように思えます。周囲にはスケールの大きな業務やプロジェクトがあり、卒業後それらに取り組むことができます。理工系、生物系の学生は、大学を四年終了後、大学に残って修士課程に進む人が多いようです。その後の就職に有利に働くのかもしれません（給与も多少違いがあるとも伺いました）。一方で、さらに研究を推進したい人は、博士課程に進学することになります。それぞれの課程で修士論文や博士論文を作成して、修士や博士号を取得することになります。

理工系の取り組む対象に比べると、医療系ははるかにスケールが小さいものです。でも人の命を預かり、その生命力を高めて人を幸せにするという意味では、スケールは小さくても、大いにやりがいのある分野であると言えます。もちろん、医療に関係の深い薬学、看護や、さまざまな技術系分野でも同様のことが言えます。

特に医学薬学獣医学部や、技術系の専門学部を有する大学学部では、専門分野を教育指導する諸先生方がおられ、また専門領域を学ぶ特別な実習もできる体制が整備されています。体の構造を知る解剖学や、体の働きをみる生理学をしっかりと学習します。そしてそれぞれの専門分野の国家資格を取得することで、社会に大きく貢献できます。また卒業後に開業して、自分自身の力を大いに発揮できる仕事をすることも可能です。

種々の国家資格試験などの合格率を見ると、必ずしも入学偏差値の高い有名大学が高いわけではありません。有名大学では研究志向が強いことが多く、授業の中に最先端の内容を含めてくれることもあります。特に大学院での教育や学会発表や論文作成には教員は力が入ります。その半面、一般の学生教育には、あまり関心がないことも多いのかもしれません。

大学によっては専門教育に主体をおいた短期大学があります。短期大学の期間は二年または三年です。もし検査技師、放射線技師、看護師などの資格を短期間で取得しようとするなら、四年制の大学ではなく、三年で卒業し資格を取れる専門学校に入る手段もあります。短期大学や専門学校の場合、確かに短期間で資格を取れる利点はあります。ただ学内の授業はその専門に特化したものばかりで、教養課程はないことが多いようです。

せっかく大学に入学するのですから、もし可能ならその専門分野だけでなく、一般教養を含む種々の学習が含まれることが大切だと私は考えます。またこのような教養は、将来社会人としても役立つものと考えます。就職やその後の人生の中でも、最終学歴として専門学校や短大と大学とでは、大きな差が出てくるように思います。

医学部、歯学部、獣医学部は入学後六年間の教育を受けます。卒業と同時に国家試験を受けることになります。六年制の大学学部の場合、卒業と共に修士扱いされるからでしょう。もしその後大学院に進学する場合には、博士課程に進学することになります。

薬学部もその多くは六年制で、卒業と同時に薬剤師の資格試験を受けます。一方で、研究に重きを置いた四年制の薬学部は、薬学を学ぶことや研究者の育成が主な目的です。その後は修士課程、博士課程と進学していくことになるのでしょう。ただしその場合、薬剤師になるためのカリキュラムは用意されていません。

文系にも文学部、経済学部、法学部と、それぞれの領域で魅力的な学習が展開されています。以前から国内外の経済状況や金融状況を理解することの大切さは、社会人すべてが感じています。また情報メディアの重要性はますます高まっています。今後社会の環境変化に応じて、適切な社会系の学習が求められます。社会からのニーズの高い大切な分野だと考えます。

これまでの中学・高校生の時は、先生から丁寧に教えてもらえることがほとんどだったでしょう。でも大学では授業は受け身ではなく、自ら学ぼうとし、自分の道を歩んでいく姿勢が大切です。大切なのは大学・学部に入学後、どのような一般教養や専門能力を身につけるかです。

今後求められる社会人としてのハイレベルな教養や技術をどの程度身につけていくのか、周囲ともよく相談して進路を選んでください。そして入学後は、そのような実のある学習を進めてもらいたいものです。

どの大学に入学、在学そして卒業したかは、その個人の最終学歴として残ります。最終学歴には大学卒業だけでなく、その後大学院に入学しそこを修了した場合には、その大学の大学院の名前が最終学歴として残ります。その意味では、**可能ならば名前のよく通った大学を卒業あるいは修了するのが、その後の就職などに有利になるかもしれません。**特に歴史のある大学では、数多くの先輩方がおられて、全国各地の企業などで活躍しておられるはずです。きっと後輩の面倒もしっかり見てくださるはずです。

国家資格などの取得をする機会があれば、ぜひ優先して取得に向けた勉強を進めてください。そのような資格取得は将来大切になります。医療関係では医師や歯科医師のほか、保健師、助産師、診療放射線技師、臨床検査技師、理学療法士、作業療法士など、さまざまな国家資格があります。文系の学部では弁護士、税理士、会計士など各種の資格に関連があります。また教職員の資格も大切です。これらを取得することで、**その後の就職活動**

に有効に利用することができるはずです。

いずれにせよ、**皆さんはいろいろな可能性を持っている**のです。ぜひ大きな視野に立ってほしいと思います。長い人生の中で、どのように自分の力を発揮できるのか、社会貢献できるのかを考えて、その道を思い切って進んでいく姿勢をとってもらいたいものです。

その意味では、**文系・理系の中の個々の専門領域のどれをとっても、やりがいのある専門分野であり、社会に大きく貢献できます。これらのことをじっくり考えて、これから自分の人生の進む道を選択してください。**

2. 大学での学習について

①考える力をつける

大学での学習は、どこもかなり充実しています。大学に入って学習を始めると、これまでの中学高校の授業とはかなり異なっていることに気がつくでしょう。もちろんその多くは必須の授業です。しっかりと出席をとられて、与えられた資料などに基づいて、内容の濃い授業を受けることでしょう。大学の専門分野によって大きく異なりますが、大学の教養課程にはさまざまな科目があり、必須科目だけでなく、自由に選べる選択科目も数多くあります。複数の学科を持つ総合大学なら、周囲のさまざまな分野の授業を受講できるはずです。必須科目はもちろん、選択科目でも一定の期間以内に所定の最低限の単位取得が求められます。これまでの中学高校と比べると、その自由度はかなり大きいはずです。**与えられた選択肢を活用して、教養課程で自分に適した、あるいは将来の進路に役立ちそう**

なさまざまな分野の学習を進めてほしいものです。

以下に、大学で最初に学ぶ教養課程について説明します。教養とは何でしょうか。社会人として必要となる一般的な知識と考える力、と言えるかもしれません。もちろん大学に入らないで、高卒後に就職する人も多いでしょう。彼らも十分な教養を身につけて、社会人として活躍しています。社会人になってからいろいろな学習をする機会も多いかもしれません。いずれにせよ、教養を学んだ結果として、社会人としてさまざまな形で学んだことを活用できることでしょう。

社会人として最低限の知識は、一般教養ということです。でも、大学で学ぶ教養は一般教養とは多少異なると思います。大学で学ぶ教養にはもっと高いレベルの内容を含みます。特に社会現象や生命現象などを理解するとともに、どのように対応したらよいかを、さまざまな角度から考える姿勢が求められます。それには正解があるとは限りません。正解はあっても一つとは限りません。**正解はなくても、どのようにとらえて対応するのがよりよいのかを考えていく姿勢が大切です。**大学ではこのような必ずしも正解のない課題に取り組む姿勢を学びます。

大学教員の多くは、かなりの研究実績のある優れた方が多いでしょう。ほとんどの先生は、まず教育科目の中でも基本となる重要な事柄を教育指導します。でも時折、学生が興味を引く最先端の分野の話も紹介するでしょう。後でも紹介しますが、大学卒業後修士や博士課程に進む道があります。そのような最先端の研究分野に、学生時代から興味を持つことは大切です。大学の先生も少しでも学生に研究のマインドを持ってもらいたいとの希望をこめて、講義をしているのだと思います。

大学教育では、主に正しいとされる知識を学びます。多くの場合には、卒業試験や卒業証書取得はもちろん、学部によっては種々の国家資格の取得を目指すでしょう。したがって一定のハイレベルの知識の習得が求められます。さらに大切なことは、**学びえた知識や情報をもとに、自分自身で考え、周囲の仲間と議論をして、将来の道として何がより正しいのか、よりよい道はどれか、と探ってほしいものです。自分で考える力を磨いてほしいのです。**

学んだ時点では正しいとされていることも、将来は変わっていくかもしれません。とりわけ社会現象については、考え方が時代とともに変革しています。これまでの歴史を振り返れば、どのように変革、改革が進んできたかがわかるでしょう。**周囲のさまざまな考え方や情報を得て、古い知識から最新の知識まで、すべてを俯瞰《ふかん》して考えを進め、より正し**

い判断をしていく姿勢をぜひ学んでください。将来を担う若手の皆さんに、このようなハイレベルの教養を身につけてもらいたいものです。

なお大学の学習では、一人で学び考えたうえで、自分の知識として大切に記憶に保存しておくことが多いでしょう。これは基本となる勉学の姿勢です。また、学んだことを周囲の同級生たちと意見交換することも大切です。友人たちと自分の考えを共有することで、さらに学習に磨きもかかるでしょう。

繰り返しになりますが、**種々の現象を正しくとらえて、自ら考える姿勢を学ぶことが大切なのです。何を学ぶかとともに、いかに学ぶかの姿勢が重要です。**大学で教えられている内容は、必ずしも正しいこととは限りません。場合によっては正解のない事柄を学ぶこともあります。現時点で正解はなくても、より正しいと思われる考え方を学ぶ姿勢が大切なのです。**正解のない現象をどのようにとらえていくかを学び、熟慮する姿勢を習得してください。**高等教育では知識を得る学びも大切ですが、学問では常に問いかける姿勢が重要なのです。社会では答えが必ずしも一つとは限らないことを学んでください。

周囲の社会現象や生命現象などを見ると、いまだに解決されていない現象が数多くあります。日本を取り巻く種々の社会問題については後述させてもらいます。これらの社会現象に常に疑問を持って、今後どのように対処したらよいかを熟慮する姿勢が大切です。今後社会人として、社会に貢献するうえでこの姿勢はきっと役立つはずです。

また環境や生命現象などに取り組もうとされる人も多いでしょう。これらの現象をいろいろな角度から観察し、試行錯誤することで、思いがけない発想から新しい真実が明らかになるかもしれません。偶然の発見から大きな研究成果につながることがあります。これを「セレンディピティ」と言います。これまでノーベル賞を受賞された著名な先生方のご講演を何度か拝聴したことがあります。ほとんどの皆さんが、この偶然の発見を大切にして、そこから独創的な研究発展につながったと語っていました。

なにもノーベル賞に相当するような研究をしろと言っているわけではありません。でも、**日常から種々の社会事象や生命科学現象などに疑問を持ちつつ、常に考える姿勢を持つことが大切です。**特にある独特な現象を目にした時に、どうしてこうなるのかを熟慮してみてください。実験などに取り組んでいる時の失敗がヒントになることがある、と多くの研究者が語っています。繰り返しになりますが、自分なりに疑問を持ち、答えを求めようとする探求心を大切にしてほしいものです。また、そのような考え方を大学の教員から授かってみてください。

私が学生時代に受けた講義でも、先生は基本となる主要な事項は前半にしっかり教えてくださいました。でも、後半はたいていご自身の専門分野の最先端の話を紹介してくださっていました。残りの内容は参考書で勉強しなさい、と指示されていました。もちろんその教科の試験問題では、授業では紹介されずに、参考書にある主要な事項から出題されることもよくありました。授業で講義されていない内容を、参考書を通して試験勉強をする必要があるため、大変ではありました。同級生の中には試験に出ないから、と最先端の話題を無視する人もいました。

当時は出席をとっていないことが多く、授業によっては出席者がわずか十名余りのこともありました。先生によっては、だいぶ少なくなった出席者を見て、広い講義室を出て教授室に集合をかけて、数名で輪になって受ける講義もあったようです。最後まで熱心に残っていた学生は、教授室で最先端の研究を垣間見ることができ、かつ教授と気軽に意見交換もできると、興味を持って積極的に参加し勉強していました。授業をされる先生の中には、ノーベル賞受賞者やその候補となっている著名な先生もおられ、ご自身の研究の紹介をしてくださる場合もありました。私たちにとっては、最先端研究の面白さの一部を垣間見ることができる貴重な授業でした。受講した私たちは興味深く拝聴し、必死でメモしたことを記憶しています。これまでの中学高校の授業では考えられないことです。大きな大学だけに著名な研究者が数多くおられて、このような魅力あふれる教育を提供してくださったのだと思います。最近は授業での出席は必ずとるようになり、かつ教員の授業の評価もされるようになったからでしょう。このような特殊な少人数スタイルの授業は少なくなりました。ただ、高学年になるとゼミナール形式の授業があり、少人数での学習が行われています。

私自身はこのような授業を受けた経験を活かして、大学教員になってから、最先端の話題や未解決の課題などを提供する姿勢を、授業の中に付加するように心がけています。学生はそのような課題や今後発展していく最新の情報に、興味深く耳を傾けてくれます。また講義の最後に学生に提出してもらっているアンケートにも、「面白かった、考えさせられた」などとするたくさんの前向きな意見をもらい、教えるほうも元気をもらいます。

後でも述べますが、**海外では相手の意見をとらえたうえで、自分の意見を述べることや、周囲と意見交換や討論をしようとする姿勢を重要視しています。**討論というと、自分の強い言葉で相手を負かしてしまうように聞こえるかもしれません。でも**それは、決して相手を打破するものではありません。あくまで相手の考えを尊重しつつ、自分の意見を的確に**

伝えて、今後どのように進むとよいかを相談していく姿勢です。米国では小さい頃からこの種の授業があります。また日本でも取り入れようとの動きもよく見ます。**ものごとには常に正しい道があるとは限りません。お互いによく話し合い、周囲の状況を的確にとらえて、ベストの道を模索して、ともに歩んでいこうという姿勢が大切です。**

まず大切なことは、自分の生活している環境はもちろん、社会全体について自ら学ぶ姿勢でしょう。この社会はさまざまな職業と社会で成り立っています。その実情を新聞、雑誌、テレビの報道などの情報源に触れて、自分から積極的に社会に関心を向けてもらいたいものです。現代社会の抱えている諸問題については、後の章で詳しく述べる予定でいます。その中から自分が大学で勉強していること、さらには国家資格などの試験を通して、今後どのように社会に貢献できるかを考えてほしいものです。大学生はそのような幅広い社会学習をする良い機会だと思います。

大学では、まず幅広い基礎学力および教養を身につけてください。高校までに学んだことは最低限の知識です。これらの基礎学力に大学ではさらに磨きをかけ、自分自身の教養として身につけてください。文系の大学学部の場合はもちろん、理系でも多くの人文・社会科学を含む幅広い学問を習得してもらいたいと思います。

もし医学薬学を含む医学的な分野であれば、対象がヒトであることから、上記の幅広い教養は大切です。また温かい思いやりの心や、病める人たちを包容できることや、豊かな人間性と高い倫理観を保つこと、さらには自己犠牲できる博愛の精神を養ってください。

専門職では一定の資格や免許などにより、特別な地位と独占性が認められます。同時に職業倫理の確立とそれを尊重する姿勢が求められます。それぞれの分野で求められる倫理的・法律的な理解や、臨床能力や公益性、そして**何より大切なことは、どのような人々とも話し合えるコミュニケーション能力です。**このようなさまざまな能力を、学生時代にしっかり身につけてほしいものです。

大学の教育は総合大学か単科大学かでも、また国公立か私立かでもかなり違いがあります。また学部によっても異なってきます。特に専門分野では、教育目的も教材も大きく異なります。ただここで説明しているのは、大学の一般的な教養課程です。専門分野の方の一部にはこの教養課程を軽視する方もおられますが、これからの社会人として、この教養課程の学習は極めて大切です。

大学ではこれまでの中学高校のように、手取り足取り教えてもらう受け身の学習は、あまり好ましくないように思います。大学は最終の教育機関です。今後社会人として活躍できるような勉学を進めてください。もちろん大切な知識を習得するための学習は大切です。そこでは科学的現象や社会の出来事などを種々の角度からとらえて、今後どのように発展させるとよいのかを周囲の仲間と相談しつつ、真剣に考えていく姿勢を身につけてほしいものです。

それらをさらに探求していく道として、大学院もあります。大学院に進む場合には、学生時代に養った知識に対するアプローチの仕方を、さらに発展させて、それぞれの課題や問いを抱えて臨んでほしいものです。いずれにせよ、それぞれの専門分野の中で課題となっていること、未解決の問題などを進んで熟慮していく姿勢を学んでいただきたいのです。

これらの講義には必ずしも正解があるとは限りません。**どのような考え方がより正解に近づくのか、といった考え方の訓練をしてほしいのです。**そのような考え方の訓練をすることで、将来社会人や研究者として課題に取り組む時に、ぶつかった課題に対してより的確な対応ができるようになってほしい、との気持ちも含まれています。

講義のまとめとして受ける試験には正解があります。でも、人生の中で必ずしも正解が一つだとは限らないでしょう。複数の選択肢の中で、どれがよりふさわしいか、またそれぞれの選択肢がどんな問題を含んでいるのか、を知ることのほうが大切なように思えます。

このような問題や課題を仲間同士で議論する姿勢も重視したいものです。「教学相長ず」という私の好きな言葉があります。英語で言えば Teaching is learning ということでしょうか。教えることは自分の学習にもなる、お互いに学び教えあって学習していく、という姿勢を重視した考えです。**大学での学習には、ぜひ仲間同士で意見交換して、よりよい回答を模索してみてください。また先生とも意見交換をしてみてください。**先生も喜んでいろいろと指導、助言をしてくださるでしょう。先生も意欲的な学生たちから学び、今後の講義や実習に役立つはずです。なにより学生から元気をもらうことでしょう。

二〇一九年末から生じたコロナ感染症の拡大は、学生の学習にも大きな影響を及ぼしました。ほとんどの授業がオンラインになりました。スタート当初は不慣れな学生も多く、順応するのに苦労しているようでした。でも最も重要なことは、前述したように教員から与えられた課題について、周囲の同級生たちと相談したり、教員と密に意見交換したりする機会をほとんど持つことができなかったことです。

二〇二二年頃から、次第に従来の授業の形に戻ってきていますが、本来の課題に対して前向きに取り組んだり、周囲と相談したりする姿勢はまだまだ乏しい感じを受けます。教える側はもちろん、学ぶ側も早く従来の前向きな学習姿勢に戻してもらいたいものです。

この数年コロナ禍の影響で、リモート形式の授業が多かったこともあるのでしょうか、対面式の授業でも、学生各自がパソコンやタブレット端末などを持参してくることも増えてきています。大学によっては各学生に配布して、授業で利用することを必須にしているかもしれません。最近の小学校では、全員にタブレットを与えて授業や勉強に活用しているようです。いずれの形式にしても、**授業を受け身にとらえるだけでなく、前向きに自ら学習しようとする姿勢を大切にしてください**。これによってより多くのことを学び、自ら考えようとする姿勢が出てくると期待します。

②教員と気軽に話す

大学では授業を受けながら自分でその内容を確認し、自分なりに思考することの大切さを説明してきました。自分なりに教えられた内容を振り返ってみることは、その後の試験勉強に役立つだけでなく、長い間記憶に残る自分の財産にもなると信じます。

先生によっては授業の後に質問時間を作る場合もあるでしょう。以前はその場で質問をする積極的な学生が数多くいました。皆で議論したこともしばしばありました。でも最近では、皆の前で質問をするのが苦手な学生が増えてきているのでしょうか、そのような質問を皆の前で投げかけてくれる学生は、ほとんどいなくなりました。他方、授業を終えて片づけをしている折に、恥ずかしそうに個別に質問にくる学生は散見します。それすらも恥ずかしいとするおとなしい学生が多くなったのかもしれません。講義の終わりなどにレポートなどを提出する機会が与えられた際には、そのレポートに質問事項などを書き込んでみてください。

もしそのような機会があれば、**積極的に教員に疑問を投げてください。また意見交換を試みてください**。自分にとってもまた周囲の学生にとっても、きっとプラスになると思います。また教員もそのような学生の反応を見ながら、今後の講義の参考にするはずです。教員は学生の素朴な疑問点や質問などに注目して、次の講義の折に講義をよりわかりやすくしてくれるでしょう。また、学生との質疑応答や意見交換をするような機会を設けてくれるかもしれません。

少人数のゼミや実習などの折には、学生と教員との距離がぐっと近くなります。これは絶好の機会なので、いろいろな疑問点を気軽に投げかけたりして、意見交換してみてはどうでしょうか。教員もきっと気軽に受け答えしてくれるでしょう。また学生の前向きな質問や考え方に刺激され、さらに魅力あふれる講義や実習をしてくれるかもしれません。学生から元気をもらって喜ばれる教員も多いと思います。

教員にとっても、自分の話題にした内容に学生が興味を示したことや、あるいはその内容から学生なりの疑問を持ってくれたことに感謝するはずです。それが自分の専門の研究分野の紹介で学生が興味を示してくれれば、さらにうれしくなるでしょう。ひょっとすると、その学生たちは自分のゼミを選んでくれる可能性が高まります。あるいは、卒業後自分たちが関係する修士・博士課程の道を選んでくれるかもしれません。教育にも一段と力が入ることでしょう。

私自身は講義で用いる重要な資料を、毎回学生分を配布しています。学生はその資料に適宜メモ書きをしたり、あらかじめ空欄となっている部分に回答を書き入れる作業をしたりしています。私も授業の中で学生が自ら作業ができるように配慮しています。大学によっては、この資料のファイル提出を事前に求められています。それによって学生に資料は事前に配布されています。この事前配布によって、学生は授業の資料に目を通して予習ができます。また講義の際には自分のパソコンやタブレットにある資料をゆっくり見ることができる点はよいかもしれません。メモ書きや空欄埋めなどの作業も上手にやっているのでしょう。いずれにせよ、教員にとっては学生が講義の復習や予習がやりやすくできるような資料の配布と、講義の折のメモ書きの指示なども大切な点と考えます。

　私は配布資料のほかに、Ａ４の用紙一枚を配布して、講義の最後に提出させ、それを出席代わりに使っています。そこには前回の講義の簡単な小テストを与えたりしています。まじめな学生は、小テストがあるというので、前回の授業の復習をしっかりして授業に臨んでくれています。また今回の講義の要点に関して、質問を投げかけ、学生自身の考えを書いてもらっています。これには必ずしも正解のない問題もあり、自分自身の意見を整理して記載させています。講義の中の大切な事柄について、自分自身で考えてもらおうという趣旨です。

　つい先日、提出用紙で学生に与えた質問は次のようなものでした。「最新の技術の進歩により、将来その人が認知症になる可能性が高いかどうか、予測できるようになりました。この検査をあなたのご両親に受けさせてあげたいと思いますか?」。この質問に対しては、積極的に認知症になる可能性があるかを知って、それに対応した温かい対応をしたいとする意見が多くありました。他方、認知症の優れた治療法がない現在では、将来の可能性を知ってもどうしようもなく、認知症になるかならないにかかわらず、心のこもった世話をしてあげたい、との意見も多かったです。

いずれにせよ、この質問には、学生はじっくりと考えた末、さまざまな意見を記載していました。もちろんこの質問に正解などはありません。ただ学生一人一人が、じっくり考える機会を持ってもらいたいのです。このような質問を交えることで、講義の価値は高まるのかもしれません。その中にはユニークな発想や、なるほどと感心させられるような考えが数多く含まれています。教える側も大変勉強になります。また学生から元気をもらうこともよくあります。

レポートの最後には、講義についての意見、特に勉強になったことや、わかりにくかったことなどを記載してもらっています。前半の小テストなどで成績をつけることもできますが、自由意見については正解があるわけではなく、成績には反映させません。また、授業での疑問点なども把握できるので、次回の講義の時に疑問点などをわかりやすく丁寧に説明することもできます。今後の授業の参考になります。

このようなレポートを含めた学生と教員との間の相補的な授業形式は、大いにプラスになります。学生と先生が一緒になってより良い道を探っていこうとする姿勢と言えるかもしれません。このような講義のやり方は、学生には評判が良いようで、勉強になるということで感謝もされています。特に学生にとっては自分たちの意見を教員が反映したり、意見交換を深めたりできる良い機会だと思います。

③国際性を身につける

大学でぜひ学んでほしいことは、より広い視野をもつ姿勢です。日本はもちろん、世界中で国際化が進んでいます。そのためにこれまで過ごしてきた周囲の環境を超え、できれば**国際的な視点に立ち、あらためて自分の環境を振り返ってもらいたい**のです。この姿勢は私がこの本で最も強調したいことなのです。

そのためには**まず英語力を身につける**ことから始まります。英語を学ぶと、情報収集力が一気に高まります。世界中の情報や資料が入手でき、視野も広がってきます。英語の学習は中学校から長い間受けてきたことでしょう。最近では小学校から英語教育が実施されています。ほとんどの大学では、入学試験やセンター試験での英語の成績を重視しているはずです。その主な学習内容は読み書きでしょう。一部リスニングもあるかもしれません。これは将来英語の教科書や文献などをスムーズに読みこなすことに役立ちます。また大学在学中に英語の抄録や論文を作成する機会があるかもしれません。大学では英語を使った読み書きの能力が求められます。

でも**今後求められるのは、生きた英語です。**相手の発言を的確にとらえて理解し、自分の意見を述べ、お互いに情報交換し、今後協力し合えるかを模索するような姿勢が求められるのです。日本が国際化を進めようとしている中、グローバルな視点に立って、多様性に富む思考をとらえる前向きな姿勢が求められます。この姿勢は文系理系にかかわらず、多くの企業や研究・教育機関で求められています。企業で働くと、国際的視点に立った自由な意見交換や交渉が求められるでしょう。そのためには実践的な英語力が必要です。実践的英語では、まず英語でのコミュニケーションが必須となります。単に欧米人の英語を理解するヒアリングだけでは不十分です。**相手に対して自分の意見を自由に言えること、さらには彼らと存分に意見交換することが求められます。**

日本人は英会話の力が国際的にみてかなり低いことが以前から指摘されています。一つにはアジア人としての奥ゆかしさがあるのかもしれません。でもそれだけではなく、小さい頃から学校などで意見交換する機会がまだまだ少ないことが影響しているように思えます。最近では英会話のできる日本の方々も増えてきました。ただ海外の方々から時折耳にするのは、確かに仕事や学習についての的確な意見交換はできるけれど、もう少し雑談やジョークも交えて楽しい会話をしたいということです。見知らぬ初めての海外の人と会話を始めるとき、彼らは最初用心深く、表面的なことから会話をしてくるでしょう。でも、そこで愉快な話題でも加えてみてください。彼らはにっこりして会話に溶け込んで、親しみを込めて会話を進めてくることでしょう。

たとえば、仕事を終えて食事を共にする場合、食事中も仕事の話をしたくなりますが、海外の方はなごやかな会話をしながら会食を楽しみたいと考えています。仕事の話の最中でも、多少の楽しい会話を交えることでその場の雰囲気は格段によくなり、最初の警戒心は消失し、なごやかな中で大切な意見交換や情報共有ができるのではないでしょうか。ぜひ、**英語でジョークの一つくらいは気軽に話せるようになってほしい**ものです。もちろんジョークがでなくても、日本国内の興味ある事象、独特の文化などを紹介するだけでもよいのです。きっと相手は興味を持って聴いてくれ、会話も楽しさを増すでしょう。

多くの大学では、海外に一定期間滞在して勉強したり、あるいは海外からの留学生を受け入れたりする交換留学制度が急速に広がってきています。海外に一定期間留学することで、生きた英語を学び、コミュニケーション能力を養えます。海外で生活するためには前向きな英会話が求められます。ヒアリングはもちろんのこと、英語で相手に話しかけて、意見交換をする姿勢が大切です。そのためにも**大学ではぜひ生きた英語を学べる英語の授業に積極的に参加して、英会話に親しんでいただきたい**ものです。

大学の普通の勉強ではなかなか英会話は上達しません。ただ一部の授業では英会話を専門にしているクラスがあります。そこに授業参加するのは最も良い方法です。またラジオなどの放送で勉強するのもよいでしょう。ただよほど根気強く頑張らないと、長続きしないかもしれません。さらに、学外の専門の英会話教室で勉強すると、大切なお金をかけているだけに結構身につくはずです。

最も良い近道は、近くにいる海外からの留学生などと日頃から英語で話し合う機会を増やすことではないかと思います。海外からの留学生は日本の学生と話したがっているはずです。その際日本語で話すことも多いでしょうが、日本語を教えてあげる代わりに、一定時間英語での会話にも参画して教えてもらってはどうでしょうか。下手な表現ではないかとか、文法を間違えていないかなどと考えるよりも、ともかく当たって砕けろの精神でなんでも話す姿勢が大切です。**話そうとする意欲さえあれば、たいていの場合それで通じる**ものです。もちろん、必要に応じて専門用語や不明な用語などの学習は必要です。

皆さんは高校生から大学生の頃に海外留学してみようと思ったことはないですか。海外旅行と異なり、海外で実生活をするようになると、異なる環境に慣れる大変さはありますが、そこでの生活を通して貴重な体験を数多くすることができます。また、より広い視野に立ってものごとを考えることができます。何よりこれまで自分の置かれていた環境を振り返るよい機会となります。**海外留学する機会があれば、ぜひそのチャンスを活かしていただきたい**と思います。大学では種々の海外留学のプログラムがあるはずです。それらに一度目を通してみてください。

たとえば、夏休みなどの一定休み期間に一、二カ月程度海外に行くのは、大学の勉学に支障もなく良いでしょう。もう少し長い期間であっても、大学は留学先の大学での学習単位を振替の単位として考慮してくれることも多いでしょう。もし単位取得が難しくて一年留年するとなっても、その一年間の海外留学は長い人生の中で価値の高いものになるはずです。また、卒業後就職する際にも、海外留学したことが高く評価されて、きっと就職に有利に働くはずです。一年の遅れくらい何も気にすることはありません。

海外留学は、できれば若いうちにするほうがよいと思われます。頭の柔らかいうちにいろいろな経験ができるからです。**語学はもちろんのこと、そこで見聞したことが、自分の価値ある経験として、今後種々のところで活かすことができます。**

ここで私の留学体験を紹介します。高校三年生の時に、一年間米国に交換留学しました。留学先は、ミズーリ州カンザスシティ郊外にある高校でした。アメリカの家庭に入り、家族の一員となり高校生活を過ごしました。英語はもともと好きであっても、会話には苦労しました。でもしばらく英語ばかりに囲まれていると、三カ月ほどすると英語でものごとを考えるようになります。その頃には英語で夢を見るようになるので、その変化がわかります。この時期になると急速に英語が上達します。だいぶ英語にも生活にも打ち解けることができるようになります。

高校生の際の留学は、留学中に家庭に入って家族員となる利点があります。海外の家庭生活を直接経験できます。ただ帰国後に大学入試があるため、エスカレーター式に大学に入学できるような特殊な場合を除くと苦労することが多いでしょう。一緒に留学した仲間には、大学附属の高校に在学していて帰国後の大学進学はほぼ確定している人もいて、うらやましく思ったものです。帰国後の大学進学の大変さを考えると、大学に入学後に海外留学するほうがずっと安心できます。

大学では種々の留学制度が設けられていると思います。ただ大学生での留学は、多くは大学の寮での生活になるでしょう。その際も各国からきた留学生や地元の学生たちとはなんでも話し、意見交換を積極的に進めてほしいものです。もちろん、大学での授業を受けて学習することが大切で、単位取得も求められるでしょう。その際も周囲の仲間と協力しあって勉強すればよいと思います。

私が留学した高校には、あと二人海外からの留学生が来ていました。一人はニュージーランドからの女性で、母国語は英語なので、語学の点では全く苦労していませんでした。もう一人はアルゼンチンからの女性でした。彼女は最初英会話には苦労していました。母国ではあまり英語教育がなされていなかったのでしょうか、知っている語彙《ごい》は私よりもはるかに少ないのです。でも南米独特の明るい性格で、朝から晩まで一日中話をしていました。その成果もあって、わずか一カ月で英会話がすごく上達して、何不自由なく会話できるようになり、スムーズな学校生活を過ごしていました。

私もそれに刺激されて、米国留学中にはなんでも話し意見交換する姿勢を続けた結果、英会話も徐々に上達していきました。ボディランゲージとはよく言ったもので、ともかくなんでも話してみよう、言葉で難しいなら、体全体を使って話そうとする前向きな姿勢が、会話の上達に欠かせないと思います。**英会話を学ぶなら、ぜひ前向きになんでも話して、意見交換をしようとする姿勢で臨んでください。**外国人でなくても、友人同士でもよいのです。英会話を日常生活の中で続けていくことで、かなり上達できます。

これまで、海外留学をして帰国した日本の多くの若手の学生らと交流する機会がありました。彼らは皆そろって積極的に発言します。周囲で意見交換をしていると、必ず自分の意見を述べたり、周囲に質問を投げかけたりします。これは、若いうちに海外留学したことの大きな成果ではないかと思います。

ついでに、私の語学学習の経験もここで紹介しておきましょう。高校留学中には選択科目に外国語があったので、日本ではなかなか勉強しにくいスペイン語を履修しました。米国内で最もよく使われている外国語はスペイン語なのです。特に中南米に近いカリフォルニアに行くとかなりの頻度でスペイン語を耳にします。そのスペイン語の授業では、簡単な文法を教えていただいた後は会話が中心でした。スペイン料理の店にクラスで出かけてそこでスペイン語で注文をしたりする、実用会話を主体に学ぶ楽しいクラスでした。難しい語彙はほとんど知らずに、よく会話に出てくる挨拶などの言葉を使い、今でも記憶に残っているくらいです。高校の先生からは、ドイツ語を学んだら大学入学後に役立つよとのアドバイスももらいましたが、ともかく留学生活を楽しむことを主体に考えていました。

周囲には世界中から海外留学生が来ていて、皆と親しくなりました。留学の最後の一カ月は留学生の皆で、米国の国内ツアーが企画されて、その旅を皆で楽しみました。それぞれの言葉を学ぶよい機会にもなりました。私は皆から教えてもらって、冗談まじりに「I love you.」を二十ほどの国の言葉で話せるようになりました。二十というとすごい数ですが、ラテン系や北欧の言葉はかなり類似しています。ちなみに、せっかく学んだこれらの言葉を留学中に真剣に使う機会がなかったのは残念です。

外国の人と初対面で話をする際には、お互い緊張します。でももし相手の国の言葉で片言挨拶などをすれば、きっとその後は打ち解けて会話ができるようになるでしょう。最初の会話が大切なように思えます。私自身も海外で講演をする際には、まずその国の言葉で挨拶を述べます。聴くほうもこれを聴いてリラックスして前向きに聴いて、案外よく理解してくれるようです。

留学時に自分で選んだ選択科目は合唱や楽器演奏など楽しいものばかりでしたが、先生が自分の将来のことを心配してくださり、後半は理科や数学も選択しました。でも高校の三角関数などの授業は日本と比較するとものすごく簡単で、試験などでいつも満点をとる私は友人から天才扱いされていました。周囲の友人に数学を教えることができ、感謝されていました（ただ米国では、高校の数学のレベルは低くても、大学入学後に習う数学のレベルはかなり高くなるということを耳にしています）。

語学に話を戻しますが、日本の総合大学では英語のほか、第二外国語の単位取得を求められる場合が多いです。自分と同じ分野の学生のほとんどはドイツ語を履修していました。でも私はフランス語のほうが面白く、役立ちそうだと思い、フランス語の授業を多くの文系の学生とともに履修しました。文学の話が多かったのですが、会話も学ぶことに心がけました。

なぜこのように語学の学習が重視され、私も強調しているか、皆さんには理解していただけると思います。日本の国際化が急速に進んでいます。海外からの旅行者や留学生もこの数年の円安もあり急速に増えてきています。また、日本人も大学卒業後、企業などに勤めて海外への出張や一定期間滞在する機会も増えてきています。このような時代ですから、皆さんには**語学を介して広い視野を持って何事にも前向きに取り組んでほしい**のです。この**国際的な視野を育てる機会として最も良いのが、自由時間の多い大学時代**だと思います。海外旅行をすることも良いでしょう。また、最近では各大学に海外からの留学生が来ているはずです。周囲の留学生らと、英語で意見交換を積極的に進めてほしいものです。そして彼らがどのような考えを持っているのかを知り、自分の考えを積極的に相手に伝えていくことも大切です。

たとえば、彼らが日本について、日本人についてどのような考えを持っているのかをじっくり聴いてみてください。もし不理解があるようなら、ぜひ積極的に説明してあげてください。同様に彼らの国の様子についても積極的に尋ねて、教えてもらってみてください。そして、今後どのような社会にしていけばよいかをお互いに話し合ってみてください。このような姿勢を進めることで、自分自身の視野はきっと広がってくるはずです。ぜひ**国際的な視野に立つとともに、あらためて日本の立場や自分の周囲の環境などを熟慮してもらいたい**ものです。

国際的な視点に立ってものごとを考える姿勢は、若い頃に海外に滞在し、彼らと意見交換するようになると、しだいに身についてくるものかもしれません。留学先から帰国する途中で、留学生たちといろいろな経験について語り合いました。その頃の私たちは、米国が大好きな人と日本が大好きな人に分かれていました。米国に滞在してその優れた文化や思想に触れると同時に、日本のことを紹介してこれまでの自分たちの生活や国の文化を考えるようになると、日米の違いや特徴がはっきりしてきます。これは米国に限らず、他の国に滞在しても同様のことが言えるでしょう。私自身はすっかり日本の文化が好きになりました。たとえば「もったいない」という言葉があります。これに相当する適当な英語がありません。「too good to waste.」などと訳されているようですが、なにも無駄遣いとは違うのです。日本人の昔からものを大切にしようという心構えがその背景にあるのです。その中からも、日本人の哲学思想を感じます。

④討論の重要性

米国では小さい頃から自分の意見を主張し、周囲と意見交換を積極的にすることを教えられてきています。日本でもそのような意見交換や討論の重要性が認識されてきています。古典的な討論の練習方法として、「悪魔の弁護人」というものがあります。それはわざと悪い人の立場に立って弁護してみる、あるいは絶対に正しいと考えられていることに異論を唱えてみるという練習方法です。世の中の常識を覆すことによって、ものごとを多角的にとらえていこう、という思想の練習になるのでしょう。

私が通った附属小学校や中学校では、熱心な先生が授業の中で討論を取り入れていました。小学校の社会科の先生が、これから街に電車を走らせるのがよいか、バスを活用するほうがよいかの討論を提案しました。教室の半分を電車賛成派、残り半分をバス賛成派に分けて意見交換するのです。電車は、線路さえあれば混雑していても優先的に走れます。当時は話題になりませんでしたが、環境にやさしいという利点もあります。一方バスは道さえあれば坂道でも自由自在に走れます。皆で存分に意見交換しました。もちろん、この討論に正解などはありません。相手の意見を聴きつつ、自分の考えを主張して意見交換する姿勢を学ぶことが大切なのです。

この議論が今でも記憶に残っているのは、私のふるさとでの出来事です。第三のふるさとである京都では古くから市電が利用されていましたが、車の増加に伴い、市電を廃止したのです。確かに、その後は当面は車の往来は楽になりました。でも車のラッシュの増加とともに、電車があればよかったなと思うこともあります。第二のふるさとの長崎では市電を上手に利用しています。ラッシュの時の車の渋滞の横を電車がスムーズに進んでいます。しかも電車の料金もかなり安価であったようです。面白いことに、第四のふるさとである札幌ではつい最近、街の中心部に市電を設置しました。ラッシュの対策とともに、冬の積雪に対しても効果があるようです。

米国の高校での選択科目に、討論、ディベート（debate）の授業がありました。そこでは小グループに分かれて、ある考え方に賛成の人と反対の人にあらかじめ分かれて討論をするという形式をとっていました。最後は、どちらが優勢だったかを参加者皆で意見交換をして判定します。そこでは、まず課題について、そして相手の意見を十分理解することが求められます。相手の意見の問題点を整理しながら論理的に反論を進めるという、かなり高度な討論を進める姿勢を学ぶことになります。どのような議論を進めたらよいのかを皆で熟慮する機会も与えられます。もちろんこれらを英語で進めます。

この討論の授業でほとんど発言しない人は、落第することも多いようです。それもあってか、皆必死になって討論に参加しています。でも単に発言するだけでなく、相手の意見を尊重しつつ、いかに上手に自分の考えを主張するかが問われるわけです。

この討論の授業の折に、「日本の広島・長崎に落とされた原爆についてどう思うか」というデリケートな課題を提示したことがあります。この私からの話題提供に先生は大喜びで、一時間かけて皆で徹底的な議論をしました。大半は、「住民を巻き込んだ無差別攻撃は悲惨だ」との非難の意見でした。これは私が密かに周囲に期待していた反応でもあります。ただ「太平洋戦争を早く終了させるためにはやむを得なかった」との、当時の米国政府の考えを踏襲する人もいました。ある学生からは「戦争があと数カ月続いていたら、日本はロシアから北海道の土地を奪われていたかもしれない」との意見も聴きました。他方、

「それなら日本軍が行った真珠湾の奇襲攻撃はどうなんだ？」と反論をする人もいました。大変デリケートな話題ながら、参加者が皆本音で討論することのできた良い機会でした。

この討論では、私は日米の戦争理論に発展させるつもりはありませんでした。ただこの討論に参加した皆に、核兵器という無差別大量破壊兵器の使用の問題を真剣に考えてもらいたかったのです。可能ならば、米国の多くの方々に、広島や長崎を訪問して記念館に展示されている原爆の悲惨さをそれぞれの目で見ていただきたいものです。アメリカの大統領として広島を訪問されたオバマ大統領や、最近訪問されたバイデン大統領には、心から敬意を払いたいものです。

私も、仕事でハワイを訪問した際に、ホノルル郊外にあるパールハーバー国立記念館を訪問しました。残念ながらこの地を訪れる日本人は少ないとのことでした。この記念館も、また広島、長崎の原爆資料館も、それぞれ戦争の悲惨さを見ることができます。でも、決して相手国を非難するような見解は出ていません。それぞれの場所を世界中の人々が見学して、戦争の悲惨さを肌で感じ取ってほしいものです。また今後の世界情勢の中で、それぞれの人々が戦争に対する意見を持つようになれば、きっと世界平和につながると考えます。二〇二三年五月に広島で開催されたＧ７サミットで、広島の記念公園とパールハーバー国立記念公園を姉妹公園にする協定を結ぶ、とのニュースを耳にしました。今後交流を深めていただきたいものです。先日アカデミー作品賞を受賞した映画「オッペンハイマー」でも、原爆を開発した主人公の苦悩がみごとに描写されていました。

原爆被害について、もう少し述べさせてもらいます。NHKでも報道されていた報告です。終戦後GHQの日本支配により、原爆の被害についてほとんど示されていませんでした。一九五一年に京都大学の学生が原爆展を行うことを発案し、写真を集めようとしました。その際には当時の厳しい規制のこともありましたが、多くの被爆者たちも、自分たちのことを紹介されることを嫌ったようです。というのも名前を出すことで、放射線被害が伝染病のように周囲に広がるなどの風評被害を受け、不合理な差別をされたりすることを嫌がったようです。でも学生たちのひたむきな苦労の結果、原爆展が開催でき、多くの方々に被爆時の写真などの展示を見ていただくことができました。

この展示により、原爆の悲惨さを初めて多くの方々に示すことができました。現在では広島、長崎の資料館に行けば、これらの貴重な資料を容易に見ることができます。初めてそのような資料を展示しようとした学生たちの発想と、それを実現した苦労に感謝したいものです。

話を討論の授業に戻します。授業で学んだ討論の仕方は、学術的な研究会や学会などにおいても、大切な姿勢となります。また企業内や企業間での実質的な討論の場でも大切な姿勢です。グローバル化された大きな企業では海外の専門家との意見交換の場も多いでしょう。国際語でもある英語を自在に使った意見交換を積極的に実施することが求められます。これはなにも英語に限ったことではなく、日本語を用いた国内の会合でも同様のことが言えます。

米国の中高生は、小さい頃から討論の重要性や実際の進め方を教わってきています。そこで相手の意見を聴きつつ、自分の意見を主張することを学びます。ディベートの授業では、決して相手を打破することが目的ではなく、相手の意見を尊重しつつ自分の意見を率直に伝えて、そこにある課題を一緒に考えていこうという姿勢を学習します。

最近では日本国内においても、同様の授業を取り入れようとする動きがあるようです。私が学長を務めている大学で、討論の進め方の授業を参観する機会がありました。隣の学生同士で討論の実践を行っていました。小さな技術系の単科大学であっても、このような討論を含む文系の授業は、今後社会人として生活していくうえで極めて価値があると思います。今後も大切にしていきたいと考えています。

⑤専門分野を学ぶ

大学の学部によって多少の差はあるでしょうが、ほとんどの場合、専門領域での学習が求められます。そこには一定の国家資格や免許を取得することを目標としている領域も多々あります。ほかに、それぞれの分野を活かした教育職の取得もあるでしょう。**大学では自分の専門分野をきっちりと勉強することが大切です。**

文系のことは正直言って専門ではないので、よくわかりません。でも法律はかなり変革を遂げているようですし、社会認識も変化してきています。法律家や弁護士の資格を取る道もあるでしょう。最新の状況を理解することで、企業人や法律家として活躍できる道も広がるでしょう。経済学については、かなり奥が深く難解な内容もありそうです。でもそもそも経済学は、世の中を良くして人を幸せにするためにあると聞きます。このような学問を一般教養として学生時代に学んでほしいものです。

また、国家公務員試験もあります。合格率は一〇パーセント程度とかなりきびしいとの情報がありますが、しっかり勉強してこの資格を取れば、比較的安定した職を得ることでしょう。

教育職の資格を取ることも極めて大切です。小中高での教育内容は大きく様変わりしてきています。また生徒同士で意見交換していく姿勢も重要視されているでしょう。討論の重要性には触れました。正解はなくても、それに近づけるように、それぞれが考えていく姿勢が大切なように思います。

私の進んできた医療の道についても、ごく簡単に触れておきます。一般に医療は、それ以外の理工学系に比べると、取り組むスケールは極めて小さいものです。ただ患者さんをはじめ、ヒトの命を預かる大切な業務分野です。職種によって取り組む仕事のスケールの大小はありますが、どの道をとっても大きな社会貢献になる業務であることは、ここで強調しておきます。

医学系の中には、その資格について医師、薬剤師、看護師、臨床検査技師、診療放射線技師など細かく分かれています。リハビリ系の資格でも理学療法士、作業療法士、介護福祉士などと細分化されています。それぞれの専門の大学学部や専門学校があり、その専門分野に進んで学習を積み、国家資格を習得します。いずれの分野においても病気で困っている患者さんをさまざまな角度から支援し、病気を治すように努めます。また健康を増進させて、平均寿命はもちろん、健康寿命を延ばして、皆が豊かな生活を長い間過ごせるように働きかけることが大切です。

医療の現場で最近話題になっているのが、関係する多職種の中でお互いに業務を分け合い、助け合っていくチーム医療の考え方です。これまで医師しか許されなかった業務のかなりの部分を、看護師や検査技師、放射線科技師、医療工学士らが担当できるようになっています。そのためにはそれぞれの職種では幅広い学習や実習が求められてきています。

基礎医学では解剖学、生理学、生化学、薬理学、法医学など、かなり基礎的な分野を学びます。専門分野になると、急に対象が狭くなることが気になって、私は一つの科目くらいは英語で勉強してみようと思い立ちました。そこで生理学のGanongという教科書を英語で読んで勉強しました。英語で読破するために、通常の倍時間をかけて一生懸命に勉強しました。でも講義の最後の試験では落第してしまいました（その後、追試で合格はしましたが）。その後は皆と同様に日本語で勉強して、試験には問題なく合格していきました。

確かに、英語で専門分野を勉強することは無理があったかもしれません。でも専門用語を英語でも認識する習慣がついたことは、その後の専門分野の学習や研究を実施するうえで役立っています。研究者は、海外の雑誌の論文を読む機会がかなり多くなります。その場合、専門用語も含めて英語に慣れ親しんでおくことは大切です。医師国家試験は日本語ですが、国際化が進む中、一部英語を取り入れたほうがよいとする考えもあります。それ以外のさまざまな国家資格の試験についても、同様の意見が出てくる可能性はあるでしょう。特に海外から日本に来て、専門分野を勉学する外国人が増えています。さまざまな国家資格の試験を、日本語だけでなく英語でも受けられるような体制が今後構築されていくと考えます。

基礎医学の授業とともに始まるのが、解剖学などの実習です。解剖実習では実習室に遺体が並べられていて、四～六人の班に分かれ、班ごとに一体の遺体と取り組むことになります。解剖実習の名のとおり、その遺体にメスを入れて順次解体していき、各領域の解剖学的形態などを実地で学んでいきます。仕事の領域に応じてこの実習への関与の仕方に違いがあるかもしれません。しかしどの領域でも、医療に関わるには、体の中の構造を知る必要があります。

そのほか、医学部などの教育については、数多くの専門の本があるので参考にしていただければよいかと思います。私自身も『医学の道』と題した本を幻冬舎から出版しています。医学部で学ぶことともに、卒業後の種々の方面で活躍する道を記述させていただいています。参考になれば幸いです。

⑥ＡＩ技術を上手に活かす

理工学系や生命科学系の分野では、高度のコンピュータを使った自動作業、自動診断などの人工知能（ＡＩ）の活用が進んできています。今後の業務ではＡＩとの共同作業が進むことでしょう。あるいは、作業が完全に自動化する可能性も十分考えられます。

確かにＡＩを活用することで、学習効果があがり、レポート提出などもスムーズに進みます。ただＡＩをそのまま利用するには問題があります。得られた結果を自分自身で振り返ってみて、さらにブラッシュアップすることが大切だと思います。**ＡＩに使われるのではなくＡＩを自ら活用できるような専門性が求められる**でしょう。そのためには基礎的な知識はもちろん、その知識を土台とした高度な専門性が必要となります。手元にあるＡＩの特徴とともにその課題を的確にとらえて、業務のさらなる効率化、高度化を図る姿勢が大切です。自分自身の専門性を活かせるような学習を大学の頃から進めてもらいたいものです。

この数年ＡＩに限らず、技術革新が顕著に進んでいます。新しい技術をしっかり学習し、体得することは、その後の学習や就職後に大いに役立つことでしょう。また文系の人にもこのような技術革新のことは理解していただきたいものです。新しい手法を幅広く理解して、社会人としてグローバルな視点に立って取り組む姿勢を学んでほしいと思います。

これまでのＡＩで得られる情報を集約してみると、一般常識的な情報を上手に表示しているように思えます。これを活用することはよいでしょう。でも大学ならば、さらにその上のレベルの情報や対応が求められることが多いはずです。そのためにも**ＡＩで得られた情報をそのまま利用するのではなく、ＡＩで得られた情報をさらにブラッシュアップするような前向きな思考が必要です。**ＡＩも進歩します。これまで考えられていた上級レベルへの対応も、いずれＡＩが追いついてくるかもしれません。優秀な人ならさらにその上の目指せるような知識や情報を加えていけばよいでしょう。人間の能力はＡＩとともに発展し続けてほしいものです。

最近では、ＡＩは文章を要約したりするだけではなく、日本語から英語へ、また英語から日本語への通訳でも優れた技術を秘めています。Chat GPT などを使うと、英語の講義を同時通訳してくれます。もちろんこちらが話す日本語も英語に同時通訳されます。講演会などでは訳された言葉がリアルタイムで表示されるので、世界中の人々がそれぞれ母国語で討論することもできるようになっています。英語だけでなく、ドイツ語、フランス語、スペイン語など各国の言葉に自在に同時通訳されるようです。

もちろん現時点では多少費用を伴うようですし、その通訳された内容を検証することは必要です。他方、ＡＩの技術進歩もあるため、その通訳の精度も順に高まっていくことでしょう。ただこの精度を高めるためには、どうしても技術力の優れた人の能力が必要です。繰り返しになりますが、**これからはＡＩに使われるのではなく、常にその精度を検証しながら、上手にＡＩを活用する姿勢が大切**なように思えます。

⑦実習試験や口頭試問を受ける

少人数で実施される実習では、最後に小グループ内で実習試験を受けることがあります。教員からどのような学習をしたのか、いろいろな形で質問を投げかけられ、それを個々あるいはグループ内で回答していくことになります。グループ内で助け合えることもあれば、個人の試験として厳しくチェックされることもあります。以前はこれを口頭試問として実施されていたことがありました。実習では参考書やネット情報だけでなく、実際の実習を通してどの程度しっかり勉学したのかを見る試問になります。学生実習の中では、実習として体得したことと、参考書などで系統的に学んだことの両方が求められます。試問を実施して学生を評価するほうとしては、小グループごとに試問を受けるので、筆記試験よりはるかに負担が大きくなります。

私が学生時代に受けた印象的な口頭試問があるので、ここで紹介します。当時は五名から八名ほどの学生を一部屋に集め、一時間という時間を決めていろいろな質問を投げかけ、積極的に答えさせていました。そこでしっかりと回答できた学生は合格と判定されて、途中退出を許されます。残った消極的あるいはやや不出来な学生は、少人数となる中で、積極的に回答をすることを繰り返し求められます。口頭試問の時間が決まっているので、最後のほうになると、残された学生は必死の思いでなんとか満足してもらえるような回答をしようとします。その先生は終了時間になると、できが悪く残った二、三名の学生に、口頭試問の終了とともに学生には落第と告げます。もちろん落第のままでは進級に支障が出ます。それらの学生には、別の日に追試の口頭試問の機会が与えられます。きっと学生はこの追試口頭試問までの間に懸命に勉強して、次は合格できるようにしっかりと対処するでしょう。

私もこの経験を活かして、教員として時間を定めた口頭試問をグループごとに試みたことがあります。最初は普通の口頭試問です。しっかり答えられた学生は途中退席を許可します。しっかり答えられず、残されて少なくなった学生は、時間が限られているので次第に必死になります。その必死な思いがこちら側にも伝わってきます。学生は、自分がいかに勉強をおろそかにしていたかを実感するのでしょう。時間が来たら、残された学生にはこの口頭試問は落第と宣言します。すると、学生は後日設定された追試の口頭試問までの期間、懸命に勉強します。追試の試問では質問に夢中になって答え、あるいは答えられなくても必死で食いさがってきます。きっと、この先生は厳しい、との酷評を受けたことでしょう。

一部の利口な学生には教員の専門をよく知っているのがいて、追試の口頭試問で答えられなくて、いよいよ落第が決まりそうになった折に、質問とは異なるその教員の専門のことを語りだす学生がいます。なんとか教員のご機嫌をとろうとする苦肉の策なのでしょう。教員によってはそれでまた会話が進み、評価を上げてくれるかもしれません。しかし、学生のこの苦肉の策はあまり感心しません。教員の質問に全く対応できずにどうしようもなくなったら、この苦肉の方策は役立つかもしれませんが……。

勉学は、どの分野であっても必死で取り組んでもらいたいものです。将来いろいろな臨床の場で困惑することもあるでしょう。でも仕事の現場で最善の仕事を進めるためにも、必死で勉学し、意見交換していく姿勢を少しでも習得してもらえれば、と願っています。

⑧卒業論文などの作成

学習の中で、レポート作成を求められることもあるでしょう。さらには卒業が近づいてくると、多くの学部や所属教室では卒業論文の作成が必要となるでしょう。ここでは、これらの作業について説明したいと思います。

高校生までの勉強で作文の作業を経験したことでしょう。国語では作文、理科社会ではレポートと呼んでいたかもしれません。作文が考えや感想などの想いを記載するのに対して、レポートは事実や資料をまとめ、最後に自分の意見を付加する書き方が一般的でしょう。

大学で出題を求められる課題の多くでは、**与えられたテーマについて、これまでの事実や資料をしっかりと整理してまとめることが大切**です。資料の整理のためには、図書館などにある著書を探してみます。最近はインターネットなどでまとめて検索していくこともできます。ただ、与えられたテーマについて単に資料を羅列するのでは不十分です。できれば自分でこれらを整理して、わかりやすく並び替えて文章化していく作業が必要になります。さらには今後の動向なども含めて、自分自身の考えを盛り込んでいくと、他にない独創的かつ魅力的なレポートに仕上がっていくでしょう。提出を求められているテーマにもよりますが、**比較的長いものであれば、まず全体の概要をまとめておく**と、その後の作業が進みやすくなります。

作業をするうえで大切な点を二つ付記しておきます。**一つはインターネットなどで適切な文献や資料を見つけた場合、その内容を決してコピー&ペーストして終わらないようにしてください。**最近ではAIに頼った論文作成もあるようですが、決してそれに依存しすぎないようにしてください。**自分なりに整理して、大切な部分だけを抽出して適切に並び替え、それに自分独自で加筆修正をする姿勢が重要です。**もしどうしても主要な内容をコピー&ペーストする場合には、その文献を〝正しく引用する〟ことが大切です。**二つ目の大切なことは、これまでの報告を整理していく中で、自分自身の意見を正しく伝えていくことです。**もちろんレポートの内容によっては、さまざまな考え方がある場合もあるでしょう。その際には、それらの考え方を中立の立場で紹介したうえで、最後に自分の考え方をしっかり伝えておくことが必要でしょう。

このようなレポート作成の取り組みは、大学の高学年になってくると卒業論文として取り扱われることになります。その場合、レポートの容量はかなり増します。またこれまでの文献、資料で見られる報告に加えて、自分独自の、言わばオリジナルに富んだ思考を盛り込んでいくことが必要になります。またその独創的な内容によって、その卒業論文の価値はぐっと高まっていきます。

研究論文としての価値もあるので、ここで研究の進め方について紹介しておきます。進め方については、種々の専門の本が出版されているので、ここでは割愛します。ただ一般的な手法として、ここで五感を活用した研究の推進について紹介しておきます。五感というのは、まさに目、耳、口、頭、手足の感覚器官を指します。研究を開始する際に極めて大切な姿勢をここで触れます。

○目の活用

まず目の活用で大切なことは、自分自身の研究課題について、多くの文献を読んで、最先端の研究内容や進み具合を見ることから始まります。数多くの文献を検索してみてください。多くの場合は国際的な研究を視野に入れているでしょうから、**海外の一流雑誌を中心とした文献検索が必要**です。もちろん日本を中心とした研究なら日本語の文献でもかまいません。ただその内容が国際レベルで一流のものであれば、必ず英語の雑誌に掲載されているはずです。広く行われている研究であれば、最初は総説からスタートしていってもかまいません。総説にはその研究内容にかかわる多くの文献が紹介されているでしょう。

その中から自分の取り組んでいる研究課題が紹介されているはずです。

なぜ文献検索が最初に大切かというと、取り組もうとしている研究課題がこれまでどの程度取り扱われてきたか、どこまで解明されているのかを知ることが何より大切だからです。懸命に研究を進めて一定の成果が得られても、その内容はすでに報告済みかもしれないからです。懸命にまとめた結果が、すでに報告済みであれば、その内容は評価されないですし、論文を投稿しても目新しさがないとの理由で採択してくれません。**取り組んでいる研究課題がどこまで進んでいるか、あるいはどの程度斬新な内容か、を知ることが何より大切**です。

○耳の活用

自分が取り組んでいる専門分野の学会や研究会に参加して、発表を耳にすることも大切です。きっと自分の研究に近い内容を発表している人がいるはずです。その発表がどのように評価されているか、あるいは批判されているかをしっかり聴いてみてください。あるいは自分の研究を進めるうえで、思いがけないヒントが得られるかもしれません。

また、周囲の専門家の方々の意見を聴いたり、あるいは直接相談したりしてみてください。耳を立てるというと、受け身な印象を受けるかもしれませんが、初心者を含めてだれでも遠慮なくできる行動です。前の項目の文献検索も含めて、研究を始める際に、最初に行わないといけない大切な行為と考えます。

○口の活用

関連する学会や研究会での発表や討論を聴いていると、次第に自分でも討論に参加したくなるでしょう。**発表者やその場におられる専門家の方々と積極的に意見交換をしてください。**その中から自分の研究を推進するヒントを得てください。きっと活性化させるのに役立つ情報を得ることができるでしょう。将来自分自身が研究発表をする際に、このような先生方が自分の研究を評価されるかもしれません。あるいは論文を査読されるようになるかもしれません。そのためにも、学会などでは大いに自己アピールをしておいてはどうでしょうか。

一時期コロナ感染の広がりで学会などの現地参加が難しい時期がありました。最近はかなり緩和されるようになり、学会では現地参加に戻ってきています。やはり現地で直接発表を聴いたり、専門家の意見を聴取したりすることはもちろん、直接意見交換できる利点は大きいと思います。耳と口を活用させて、自分の研究の促進を図ってもらいたいものです。

○頭の活用

頭を活用することの意義はあえて付け加えることはないでしょう。

ここまで述べた目、耳、口を活用して得られた貴重な情報や意見交換を振り返って、自分の研究推進にどのように活かせるかを、じっくり考えてみてください。**自分のアイディアを反芻すること、そしてその結果を検証することが大切**です。また、その内容をさらに魅力的にするにはどうしたらよいかも熟慮してください。

私の好きな言葉の「セレンディピティ」を前述しました。失敗してもそこから見落とさずに学び取ることができれば、成功に結びつくという、一種のサクセスストーリーとして用いられる言葉です。思いがけない科学的な発見を、上手に活かして優れた研究につなげていく姿勢ともいえます。ペニシリンを発見したフレミングや、生体高分子の構造解析をされた田中耕一先生ら、ノーベル賞受賞のきっかけとなった話がよく引用されています。身近にある生体現象や実験などで思いがけない結果が得られた際に、じっくり考えてみる姿勢が大切です。

おそらく多くの研究者は生涯の中でこのような経験を何度かしているのではないかと思います。後に他の研究者が同様の研究発表をして、あの現象なら自分も経験したのに、と思い起こすこともあるでしょう。**最初に発見した時点で、なぜそうなったのかを何度も考えること、検証すること、そのうえで機序やその応用の可能性も含めて考えを重ね、最終的にまとめあげていく姿勢が大切です。**

○手足の活用

頭で考えることはもちろん大切ですが、最終的に行動することが大切です。**自分の頭で整理されたことを記録するとともに、論文化まで進めてください。**最後はこの手作業が大切になります。なお、論文の具体的な書き方はいろいろな専門の本があるので、ここでは割愛します。専門書にぜひ目を通してみてください。

⑨皆の前で話す

卒業論文ができると、それを諸先生の前で発表することが求められます。偉い先生方の前で講演するのは緊張するでしょう。学生生活の中で皆の前で話す機会はいろいろとあるはずです。日常生活の中でこのような経験を存分に活用して、練習を積み重ねるとよいと思います。意見交換については討論のところで詳しく述べました。討論と異なり、皆の前で話すのは一方的ではあります。そこでは自分のこれまでの学習成果はもちろん、場合によっては自分の経験や意見をまとめて発表します。この経験は今後社会人として活動する際に役立ちます。皆の前で発表する方法を大いに学習して経験を積んでほしいものです。**まず大切なことは、聴いてくれる人々がどのような方で、どのようなことに興味を持っているのか、どんなことを学ぼうとしているのかをあらかじめ知ることです。**その聴衆の関心に合わせた講演をすることが肝要です。友人や仲間同士の場合には気軽に話を進めることができるでしょう。もし一般市民の場合には、多少ジョークを交えながらなごやかな雰囲気を作りつつ、聴き手が気軽に話を聴けるようにすることが、役立つように思います。

他方、これが学位審査など、**教員を前にした堅い雰囲気の場合には、講演の要点を整理して話すことが大切**です。特に目的と最後の結論を明示することが役立ちます。発表内容が多い場合には、上手に箇条書きして整理してください。どうしても硬い雰囲気を少しでもやわらげたいのなら、たとえば自分の経歴やその研究を始めた動機などを最初に交えて、主題とする内容に入っていきやすい道筋を作るのがよいかもしれません。**講演時間を守ることも大切**です。

会社に入って職場で話す機会もあるでしょう。その場合でも、**講義の要点をわかりやすく説明すること、そして時間を守ることは大切です。**時間を守ると、その後に質問や意見交換をする時間ができるでしょう。その際には、討論で説明したように、相手の立場を尊重しつつ、自分の意見や主張を展開すればよいでしょう。卒業論文の発表の場などでもよく言われますが、**講演発表の内容はそれなりに評価されますが、最も大切にされるのは、その後の質疑に対して、的確に回答できるかということです。**この点は発表の評価の大きなポイントとなります。的確な回答や討論をすることで、その講演はきっと高く評価していただけるでしょう。

ここでも私の経験を紹介しておきます。高校生の時に英語の発表の機会がありました。当時一年生ながら応募をして、先輩の皆さんに加わって発表しました。英語の内容のわかりやすさも評価されましたが、何より楽しい内容が高く評価されて表彰されました。それを機会にいろいろな場で話をする機会があり、臆せずに対応してきました。

その後、一年間の留学生活の後半は、あちこちの高校や施設などで日本のことを紹介する機会が何度もありました。そこではスライドを使いつつ日本の魅力的な観光地を紹介するとともに、日本独特の生活を紹介してきました。幸いなことに、世界中の方々が興味をそそる京都の観光地の紹介ができました。

また、一九七〇年に大阪で開催された万国博覧会に行った際にそのスライドをたくさん持っていて、それらを紹介することもできました。講演では何度も愉快に笑っていただけるような楽しい状況やジョークを交えるように心がけました。同期の海外留学生の中でも私の講演は評判がよかったようです。

このような日本を紹介する講演の機会は、留学中、最後の三カ月くらいになるとかなり増えていました。留学生の講演を企画する父兄会などの団体は、次の海外からの留学生を受け入れるための寄付金の募集を講演会などを通して推進していたのだと思います。私としても、このような楽しい講演を通して交換留学生に対する理解が少しでも深まることはうれしい限りでした。ぜひ多くの海外からの留学生を受け入れて、彼らの国のことを広く知っていただきたいと思いました。このような機会を通して、大勢の聴衆を前にしてもあまり臆することなく日本語でも英語でも自在に講演することができるようになっていきました。

その後大学教員となり自分の研究を推進していく中で、いろいろな研究発表をしたり、あるいは講演をしたりする機会が数多くあります。そこで常に配慮しているのが、まず熱心に聴衆してくださる方々はもちろん、講演する機会を作ってくれた方々への感謝を述べることです。そして、短い講演ならできるだけ要点を整理してわかりやすい内容にまとめあげることに配慮します。時間の長い招待講演や特別講演などでは、聴衆が退屈することのないように、時折きれいな景色の写真を交えたり、ジョークを交えたりと工夫しています。幸い京都や北海道の素敵な観光地や自然の風景などのスライドは数多く持参しています。これらを適材適所に加えて、聴衆にリラックスしていただく工夫をしています。もちろん講演の要点を整理して、少しでも記憶に残していただけるように配慮します。場合によっては、参加者に考えていただけるような課題を出すこともあります。これによって講演を聴く側が、少しでも真剣に聴いてくださり、記憶に留めていただければ何よりだと考えます。

大学生在学中にも、学内での発表会や学会で発表する機会があるでしょう。まずは周囲の発表の中で、魅力的な発表をじっくり聴取して、その優れた点を学ぶことが大切です。そしてその優れた点を自分の発表に活かして、魅力ある発表や講演を実践していただきたいと願います。そして社会人として活躍する際に、講演発表をする機会もあるかもしれません。若い時に学んだ手法を上手に活かして、魅力あふれる講演をしていただきたいものです。私の経験が少しでも役立てば幸いです。

3. 大学生活について

①学生生活を楽しむ

大学時代は、自分自身の時間を最も多く持てる時期と言えるかもしれません。時間を有効に使うとともに、学生生活を存分に楽しんでください。

いろいろな過ごし方があります。後で読書のこと、アルバイトのこと、クラブ活動のことなどを書きますが、いずれにしても、二度とない大切な学生生活です。有効に活用して、生きる喜び、楽しみを存分に味わってほしいものです。きっと一生のうちでかけがえのない時間を持てるはずです。また自分自身を磨いて、将来社会にも貢献できるような姿勢を持ってほしいものです。

大学生活は人生で最も豊かで楽しめる期間です。多くの友人に訊いてみても、ほとんど皆口をそろえて、大学時代が一番楽しかったと言います。学生生活という意味では、中学高校生活は学ぶことも多く、かけがえのない友人もできて楽しいです。ただ受験の心配が常にまとわりついていたように思えます。その意味では、大学に入るとその後の受験の心配はほとんどなく、存分に楽しく過ごせます。自分の時間を存分に使える点もよいでしょう。もちろん大学での勉強や、種々の資格試験などに備えることも大切ですが、ある程度マイペースで勉学できるでしょう。

失敗を恐れず、いろいろな経験をしてください。将来強い人間になり、社会人として世の中に大きく貢献できると信じています。学生時代には皆いろいろな経験をするでしょう。その中で失敗をすることもあるでしょう。もちろん失敗しないように努めることは大切です。でも失敗を恐れて新しい挑戦をしないことのほうが問題です。失敗も学生時代では大切な経験でしょう。その失敗を反省して、同じような失敗をしないようにすることも大切です。学生時代のいろいろな失敗経験を通して、社会人になる折にさらに強い人に成長するでしょう。

最近パソコンはもちろん、スマートフォン（スマホ）の急速な普及により、簡単に情報入手や情報交換ができるようになっています。小中高校生はもちろん、大学生もスマホを肌身離さずに活用しているのを目にします。使用目的はいろいろあるでしょう。上手な活用については良いと思います。でも依存が大きくなり、大切な友人とのつながりや先生からの教育指導の代わりとして用いられているケースも多いように思えます。その利用が長時間に及ぶこともあります。場合によっては、睡眠にも影響を与えている様子を見ていると、心配になります。とりわけ、大切な周囲との人間関係の代わりに用いているとすると、問題です。

不安や心配を解消するためにスマホに依存することもあるでしょう。また長時間スマホを用いていることにより、精神的な不安定を増強させることもあるでしょう。どちらが原因で結果なのかはわからず、鶏と卵の関係なのかもしれません。どちらが最初の原因だとしても、その関係を打破することが大切でしょう。**スマホに依存した生活を過ごすのは、できる限り避けてほしい**ものです。生活に不安やストレスを感じるなら、ぜひ外に出て体を動かしてみてはどうでしょうか。運動はストレス解消に役立ちます。スマホやゲームに流れる安易な解消法には賛成できません。また気軽に相談できる良い友人をもって、なんでも相談してみてください。スマホよりずっと役立つ心温まるアドバイスを得て、よりよい人間関係が構築できると考えます。

つい先日のテレビ放送で放映された報告によると、寂しいと感じている高校生が日本は断トツで多いそうです。おそらく大学生でも同様のことが言えそうです。その際に安易にスマホにはまり込むのではなく、ぜひ**周囲の同級生や仲間たちと、気軽に会話や相談をしあうようにしてください。本音で語り合ってください。**また意見が合わないために、多少の言い合いやけんかをしてもよいでしょう。その場合周囲と相談してみましょう。大げんかをした後に仲直りして、本当に良い関係ができたことをよく耳にします。

米国の大学生の場合、大学入学はさほど厳しくはない代わりに入学後の勉強は大変です。奨学金を受けている学生が多いこともあり、奨学金が途切れないように、留年しないように皆必死で勉強しています。日本の大学は、入学が難しいものの、いったん入学した後の進学はさほど難しくはありません。アメリカの学生とは対照的に、多くの学生は学費を親から支援され、クラブ活動やアルバイトを含め、自由奔放に生活しています。日本の大学生は、もし学費や生活費を支援してもらっているのであれば、そのことを心から感謝するべきです。

また**学生時代に自由な時間が多いのであれば、その時間を自分の将来にとってプラスになるよう工夫してください。**自分なりの生活設計を立てて、有意義に過ごしてもらいたいものです。クラブ活動をして、自分自身はもちろん、同じクラブの仲間を尊重して、チームワークを磨きあげるのもよいでしょう。また読書などを通して、人生観を作りあげていく大切な時期でもあります。読書については後で説明します。

入学した大学に、自宅から通える場合はいろいろな意味で便利です。しかし、自宅から離れていて、下宿したり寮に入ったりする場合も多いでしょう。その場合は、それなりの覚悟が必要です。自宅から通えるのが難しくても、比較的近い大学ならば、毎週末や週の半ばでも帰宅することはできるでしょう。けれども、遠い大学なら、毎週帰ることも難しい場合も出てきます。特に入学後クラブ活動などに専念したい場合には、毎週帰宅することが難しくなる可能性はあるでしょう。いずれの場合にしても、先輩や同級生たちとよく情報交換をして、快適な生活を過ごすようにしてください。

②大学内の種々の行事

学生時代にはいろいろな行事があります。入学式や卒業式は学内でも大切な行事です。大学二年生以降になると、新入生が入学してくる入学式の後は、クラブなどの勧誘のできる絶好のチャンスでしょう。クラブの後輩たちを確保することは大切です。皆必死で勧誘活動をしているようです。クラブ活動については後述します。

大学内では学生生活を楽しめる行事が数多くあります。大学のオープンキャンパスは、大学が主体となって大学の魅力をアピールして入学希望者を集めていこうという企画です。高校生とともにその保護者らも集まります。そこで教職員はもちろん、大学生が中心になってどのように魅力的な大学なのか、また大学生活をどう楽しく過ごしているかをアピールする場になります。意欲的な後輩たちが入学してくれることを大いに期待して活動しましょう。

学園祭は大学の行事として最も大切なものといえるでしょう。学園祭ではその大学の先輩後輩たちはもちろん、教職員も参加してくださいます。また大学によってはオープンキャンパスにして、家族や周辺の住民の方々にも自由に参加していただくことができます。口頃の勉学から離れて仲間たちと楽しい企画をしたり、お店などを出したりして、皆さんに楽しんでもらえればよいでしょう。また同級生や先輩後輩たち、さらには教職員との親睦を図れる絶好の機会です。

私も学生時代には、周囲の仲間たちと相談のうえ、焼き芋の屋台を借りて出店し、参加者にその場で作った焼きたての芋を提供しました。中までしっかりと焼きあがった完成度の高い焼き芋を作るのはなかなか大変な作業で、思っていた以上に苦労しました。でも数名の仲間で苦労して作りあげたことは、何よりの良い思い出になりました。周囲の皆さんに喜んで食べていただき、仲間同士で喜びを分かち合いました。

大学によっては、スポーツ大会を行って学生各自の運動能力を披露する場面もあります。また、このような活動を通して仲間同士の絆も深まることでしょう。もちろん大学の行事とは無関係で、入学後親しくなった友人同士で小旅行をするのでもよいでしょう。同級生や友人同士の親睦を深める良い機会です。ひょっとすると、そこで同級生同士のカップルができるかもしれません。勉学以外で親しくできることも、魅力あふれることでしょう。

大学時代は自由時間が豊富にあります。学生間の交流を深めることは楽しいし、大切だと思います。これまで述べた学習だけでなく、多彩なことを学べる機会でもあります。大学で作る友人は、これまでの小中高校の友人とは異なり、同じような目的を持って入学した同僚や先輩・後輩が多いでしょう。全く新しい人間関係を作ることができます。高校生までは優秀生（あるいは劣等生）だった人たちも、大学ではこれまでの成績とは比較的無関係で、同じような目的を持った人たち同士が集まります。就職先によっては利害関係があるかもしれません。でも多くの場合、社会人になってもお互いに助け合い、支え合っていける生涯の友人となりうるものです。**ぜひ向上心を持って、お互いを支え合えるような**

友人関係を作っていってほしいものです。

大学に入学すると、クラスに自動的に配属されます。それはこれまでの中学高校の時と変わらないでしょう。でも担任の先生がおられて、クラス委員長や種々の役割の委員を作ることは、大学では指示されない場合が多いと思います。特段クラス活動が求められるわけではありません。でもせっかく同級生が集まり、そこでの仲間ができつつあるのなら、これらを融合するまとめ役が必要になることもあるでしょう。クラス仲間が増えてくると、自動的にまとめ役ができてきて、種々の活動を先導してくれるかもしれません。クラスの有志で遊びに行く話があってもよいでしょう。また教員や大学に対して、クラスとしてのまとまった要望をしたり、先輩方と連絡を取り合ったりする役割も生じるでしょう。クラスの仲間同士で話し合って、自主的に役割分担をしていけばよいかと思います。また、学生の面倒をよく見てくださる先生も必ずおられるので、相談をするとよいと思います。

大学生活の四年間（一部の学部は六年間）は価値のある期間です。存分に学生生活を楽しめる時期です。そのためにも**クラス内の種々の役割分担をして、有意義に過ごしてもらいたい**ものです。特に卒業して社会人となると、あらためて学生生活の期間が有意義であったことがわかるはずです。そのためにはたとえばクラス全員の写真はもちろん、種々のイベントの記録や写真などを残しておくなどの作業は大切でしょう。できればそれらをまとめて卒業アルバムなどができると素晴らしい記念となるでしょう。中学高校の時の卒業アルバムは皆さんの手元にあるでしょう。これは学校の教職員の方々が苦労して写真を集め整理して、皆さんのために作成してくださったものです（一部は写真部などのクラブが支援してくれたかもしれませんが）。大学では、教職員は卒業アルバムなどの作成には一切かかわってくれません。もしその学年でそれなりのアルバムを作ろうとするなら、写真集めはもちろん、資金集めも含めた作業が必要となります。

私の大学時代の頃は、学園紛争の影響が残っていて、先輩の学年では卒業アルバムなるものを作成していませんでした。私たちの学年もアルバム作成の話はありませんでした。でも、卒業前になって初めて思い出に残る卒業アルバムを作ろうということになり、あわてて講義や実習などの写真を集めて回りました。学長や教職員の写真などもそろえて、なんとか卒業アルバムを自分たち独自に作ることができました。ともかく一生の記念になる卒業アルバムを残すことができたことをうれしく思っています。自分たちが主体となって苦労して作成するアルバムは極めて貴重と言えます。もし皆さんの周りでこのような活動をしたい希望があるなら、ぜひその活動を周囲に提案して、学生生活の初めの頃から、準備をはじめてみてはどうでしょうか。同級生の友だちはもちろん大賛成でしょうし、大学側も支援してくれるかもしれません。またそうして作成されたアルバムは、生涯の大切な記録となるはずです。

大学生活を送っていると、所属している大学の特徴がわかってくるでしょう。教職員はそれぞれに大学に誇りを持って、教育・指導に臨んでくださるはずです。学生さんたちは、在学期間は限定されていますとは思いますが、その大学への誇りを持ってもらいたいものです。特にその大学の評判はよく耳にするでしょう。また大学の歴史も振り返ってもらいたいものです。種々の行事で校歌を聴く機会があるでしょう。在学中にぜひその校歌を覚えて歌えるようになってもらいたいものです。歌えるようになると、その大学への愛情がさらに深まるでしょう。

私は四つの大学に教員として勤務しましたが、幸い四つの大学とも、創設から百年前後も経過した歴史ある大学でした。いろいろな行事が行われるたびに、参加者全員で歌う校歌は親しみがわきます。とりわけ長年教職についていた北海道大学の校歌『都ぞ弥生』は素晴らしく、クラブはもちろん、大学職員の中でも必ず皆で合唱しました。合唱するたびに胸にジーンと響くものがあります。多くの教員の方々も、校歌を通して学校への愛情を深められることでしょう。学生さんにとっても、**在学している校歌を歌う機会を大切にして、しっかり記憶にとどめてほしい**ものです。卒業後に開催される同窓会などで歌う機会があれば、きっと学校への想いを深めることができるでしょう。まして将来その大学の教職などにつく機会があれば、素晴らしいものです。

③交友関係を大切に

友人作りの大切さはこれまで繰り返し述べてきました。でも友人がいない孤独を恐れる必要はありません。**自分自身の信念をしっかり持ち、それを大切にしてもらいたい**ものです。何も迎合する必要はありません。**個性を大切にしてください**。しばらくは一人であっても、自分の信念に基づいて生活を進めてください。将来自分のなすべきことを熟慮して、積極的に取り組む姿勢を保って生活を進めてください。失敗を恐れず、種々の経験を積んでいってください。将来きっと強い人間になるはずです。そのうちに必ず自分の考えをよく理解して、共に進もうとする真の仲間ができてくるはずです。そのような価値ある友人を作って、友人との輪を大切にすることがよいと思います。

大学時代は、中高校生時代以上にクラスの交友関係は大切です。将来同じような進路を進もうとする仲間ですし、また将来の就職や勉学の道など、さまざまなことでお互いに助け合うこともあり、役立つはずです。また大学の学部では、同じ程度の学力を持つ学生が集まってきているので、一緒の学習や意見交換にも役立ちます。大学には全国からさまざまな個性を持つ学友が集まってきています。彼らとの付き合いから、いろいろなことを学ぶことができます。大学生活を過ごしていると、必ず同じような趣味や考え方を持つ仲間に出会うはずです。特に将来同じような道を歩む同胞も周囲に多いはずです。また多少考え方が異なっていても、お互いに理解しあい、相手の考え方を尊重するような友人ができてくるでしょう。お互いに気を遣うことなく、何でも言いたいことが言える関係が大切でしょう。

理科系の学部では、高学年になるとゼミのクラスに分かれて、少人数での勉強や実習が増えてくるでしょう。おそらく文系の学部でも少人数のグループ学習があるでしょう。そこではグループ内の協力体制が大切です。小グループ実習を継続していると、そこでまじめで意欲的なグループから、勉強担当、遊び担当、宴会担当などの役割分担を決めて要領よく楽しんでいるグループ、上手に手抜きするグループと、それぞれに特徴が出てきます。皆をリードしてくれる仲間がいると、皆で意欲的に進もうとする積極性が出てきます。また、困っている仲間がいると、皆で助け合っていくこともできるでしょう。良い仲間を持つことの大切さを実感できる機会となります。友人関係を活かして、学習不足や生活の課題などをお互いに補い合い、助け合っていくことができます。このような交友関係は、社会人になってからも大いに役立つはずです。きっと一生の貴重な財産になると信じています。

男女交際の機会も大学時代には多いことでしょう。大学時代は受験の心配から解放されて、交際する時間もありますし、その機会を大切にすればよいと考えます。最近は女子の大学進学率もかなり高くなり、文系はもちろんのこと、理工学系や医療系でも、多くの女子学生が占めるようになってきています。同級生同士はもちろん、クラブ活動などを通して先輩・後輩との間での交際も、大いに推奨したいと考えます。これにより、充実した学生生活に色を添えることができると思います。もし同じ学部同士でカップルが成立すれば、卒業後もお互いに仕事や生活を理解し合うことが容易になると思います。

大学入学後に同級生同士での親睦を深めようと、気の合った仲間数人で旅行に出かけたりするなど、グループ交際をする機会も多いでしょう。その中から素敵なカップルができることもよくあります。同じ分野の学習をする仲間だけに、その内容はもちろん、将来就

郵便はがき

料金受取人払郵便

新宿局承認

2524

差出有効期間
2025年3月
31日まで
（切手不要）

1 6 0-8 7 9 1

141

東京都新宿区新宿1－10－1

（株）文芸社

愛読者カード係 行

ふりがな お名前		明治　大正 昭和　平成　　年生　　歳
ふりがな ご住所	□□□-□□□□	性別 男・女
お電話 番　号	（書籍ご注文の際に必要です）	ご職業
E-mail		

ご購読雑誌（複数可）	ご購読新聞 新聞

最近読んでおもしろかった本や今後、とりあげてほしいテーマをお教えください。

ご自分の研究成果や経験、お考え等を出版してみたいというお気持ちはありますか。

ある　　ない　　内容・テーマ（　　　　　　　　　　　　　　　　　）

現在完成した作品をお持ちですか。

ある　　ない　　ジャンル・原稿量（　　　　　　　　　　　　　　　　　）

書　名			
お買上 書　店	都道 府県　　　　市区 郡	書店名	書店
		ご購入日	年　　月　　日

本書をどこでお知りになりましたか?

1.書店店頭　2.知人にすすめられて　3.インターネット(サイト名　　　　)

4.DMハガキ　5.広告、記事を見て(新聞、雑誌名　　　　)

上の質問に関連して、ご購入の決め手となったのは?

1.タイトル　2.著者　3.内容　4.カバーデザイン　5.帯

その他ご自由にお書きください。

(　　　　)

本書についてのご意見、ご感想をお聞かせください。

①内容について

②カバー、タイトル、帯について

弊社Webサイトからもご意見、ご感想をお寄せいただけます。

ご協力ありがとうございました。

※お寄せいただいたご意見、ご感想は新聞広告等で匿名にて使わせていただくことがあります。

※お客様の個人情報は、小社からの連絡のみに使用します。社外に提供することは一切ありません。

職についても共通することが多いでしょう。仲間同士で大いに意見交換をすればよいと思います。そのうちに魅かれ合うような仲が生まれてくることは十分考えられます。私たちの場合も、同級生の中から数組のカップルが誕生して卒業後結婚して幸せに過ごしています。もちろん私たちの世代と現在の世代では、考え方も進路も大きく変化しているでしょうから、これ以上は触れないでおきます。ただし一言だけ忠告しておきます。**楽しくうきうきした生活を過ごすのはよいですが、大学の勉学がおろそかにならないように、お互い助け合いつつ、十分配慮してほしい**ものです。

自分の生活のことも大切です。自宅からの通学はもちろん、下宿している場合も、**自分の生活管理をしっかりしてください**。ぜひ周囲の友人たちとも協力し合って、大学生活だけでなく、日常生活についても情報交換して、快適な生活をしてください。自宅から大学に通えている学生の場合は、時折周囲の下宿している仲間を自宅に呼んであげてください。母親にお願いして、家庭の味を友人たちにふるまってあげてはどうでしょうか。家庭から離れて下宿している学生にとっては、家庭の味や家庭の中での生活に特にあこがれているものです。招待するほうはたいしたことはないかもしれません。でも招待されるほうは、魅力あふれる機会であり、長い間記憶に残り、感謝してくれるはずです。

④社会問題に関心を持つ

学生の多くは卒業後に社会人となるので、社会人としての準備をしてもらいたいものです。生活はもちろん、経済的にも自立できるような態勢も必要です。周りからは一人前の社会人として扱われるようになるのです。そのための自覚と責任感を持ってもらいたいものです。

社会人としての自立を図るとともに、周囲を取り巻く社会の種々の問題にも目を向けてもらいたいと考えます。現在の世の中にはいろいろな課題が山積しています。日本国内に限らず、視野を国際的に広げても、大きな問題があります。これら国内外の状況を把握して、今後の学生生活はもちろん、将来社会人として、あるいは研究者として、これら諸問題に積極的に取り組むことも大切です。

以下にいくつかの社会問題を挙げます。

まず今後の日本が抱える大きな課題は、なんといっても人口減少です。今後、日本が背負っていかなければならない大きな課題です。その主な原因は少子化にあります。国は少子化対策を図ろうとしていますが、それだけでなく、それぞれがこの課題にどのように対応していくかを考える必要があります。国は種々の経済支援をしています。大切なことの一つに妊娠・出産をはじめ、小さな子供を育てていく環境の整備があります。もちろん産休や育休など、働きながら育児をしやすい体制が求められます。女性はもちろん、男性でも同様のことが言えます。あるいは今後は祖父母も、同様の要望が求められるかもしれません。

子供の減少とともに、大学に入学する人も減っています。これまで難関だった大学学部も、一部の有名大学や学部を除く多くは、それほど難関ではなくなり、大学の大衆化が進んでいるようです。また、入学定員を大きく下回って大学の存続そのものが危うくなっている施設も多いと聞いています。

大学側もよほど上手に活動をして対外的にその大学の魅力をアピールする必要性に迫られています。大学としては意欲的な学生を幅広く入学させ、彼らに実りある有意義な大学生活を過ごしてもらうことで、大学の良さを内外にアピールしたいものです。

前述したように、医療や理工学、法律などでの国家資格の取得を目指す大学・学部は、さほど問題ないかもしれません。国家資格でも人気が高いものもあれば、あまり人気のない資格もあるようです。ともかくどのような大学でも、国家試験の合格率を下げないような努力が求められます。教える教員のほうも必死で対応しているはずです。私立大学では、優秀な学生に報奨金や奨学金などを与えたりして、彼らの勉学努力を支援しているところもあります。学生には楽しい学生生活や有意義な勉学ができるところを、自分自身で知るとともに、後輩たちにうまくアピールしてもらいたいものです。

少子化とともに、人口に高齢者が占める割合も急速に増加しています。最近では日本人の四人に一人は六十五歳以上の高齢者になっています。この割合はこれからさらに増加していくことでしょう。高齢者の人々が快適に生活する社会を作っていくことが求められています。もちろん介護施設などの高齢者施設の充実を図ることは大切です。でも、高齢者の方々が引き続き快適に仕事をして、社会に貢献し続ける場を増やしていくことも重要な取り組みです。定年延長が進んできていますが、さらに心身ともに健康な高齢の方々には引き続き働いていただく環境整備をぜひ推進していただきたいものです。日本人の平均寿命は順調に伸びて、現在世界トップとされています。それとともに健康寿命も延びています。このような高齢者の占める割合の多い中、**今後どのように高齢者が健康で社会貢献していける社会を構築していくかを、今後の若い世代には真剣に考えて取り組んでいただきたいものです。**

日本経済も不安材料が多数あります。日本のＧＤＰ（国民総生産）は、米国・中国についで世界三位でしたが、最近ドイツに抜かれて四位に落ちました。ＧＤＰの成長率はここ数年かなり減少しています。その主な原因は、人口の減少と物価上昇とされています。さらに大きな課題となるのが、日本が抱えている巨大な借金です。その多くは国債で賄われていますが、常に返済を求められています。ＧＤＰに対する借金の比率は世界最大であり、世界最悪の借金大国となっています。これから次の世代を担う若い皆さん方が、対処しなければいけない大きな課題となります。

日本の国際化の遅れの理由の一つに挙げられているのが、digital transformation への遅れです。海外の最先端の国々の様子を伺うと、日本の遅れがよりよくわかるかもしれません。日本政府もデジタル庁を設立してなんとか追いつこうとしているようです。これからは digital に強い若手の皆さんが活躍できる場が、ここにありそうに思えます。

日本の産業をさらに盛んにするために何が求められているのかを知ることが大切です。二〇二四年四月現在、円安が進んでいます。これで日本車など日本の製品の海外輸出はかなり有利になっています。一方で海外から輸入される工業製品の材料や食料品などが高騰しています。国内の物価高がかなり進んで、給与の上昇が不十分な多くの国民が苦しんでいます。日本では金融緩和策が継続していますが、その政策を今後どのように導いていくのが日本経済にとって良いのか、を皆が考えていく必要があります。

海外から来る観光者にとっては、物価の安い日本は魅力的でしょう。今後海外からの渡航者がますます増加することが期待できるでしょう。最近のニュースではインバウンドの増加が話題になっています。それとともに観光客による爆買いを含めて、日本の製品が飛ぶように売れるようになっています。ただ観光地の多くはオーバーツーリズムの影響で種々の問題が生じています。京都をはじめ有名な観光地には、多数の外国人観光客が来ています。市内の有名な観光地には、国内外からの観光客であふれかえっています。

先日のテレビの特集で感心したのは、その対策として観光客の分散化を上手に図っているということでした。たとえば京都にある二条城や高台寺では、プロジェクションマッピングを取り入れた夜の観光に力を注いで、夕方から夜の観光客を多数受け入れています。昼の魅力とは異なり、夜の幻想的な魅力は一見の価値があります。このように昼夜の時間や季節などを考慮して、より多くの観光客が分かれて訪問してくださるようにする配慮は大切に思えます。

日本の世界に誇れる財産の一つに、優れた観光資源があります。長い間保全されてきた歴史や文化があります。そのような観光資源の多くは、大切に保全されています。これまでの歴史で海外から略奪などを受けたこともなく、国の象徴でもある天皇制度が長期にわたって維持されています。このような国は世界を見渡しても、日本だけです。このような素晴らしい歴史・文化を、世界中の多くの方々に見ていただきたいものです。以前より海外からの観光客は多数ありました。コロナ禍でかなり落ち込みましたが、その後海外観光客は著明に増加し、コロナ禍以前まで戻ってきています。観光国としての日本の意義は大きいと思います。この**日本の地域の魅力をアピールするとともに、観光産業を上手に発展させることも、これから若い世代の課題**と考えます。

日本は特に食料自給率が低いと言われ続けています。確かに海外の食料品は大量に輸入されて、比較的安価で入手できます。しかし、日本国内でも農林畜産業などで数多くの優れた技術を持っています。輸入品に比べると多少価格は高くなりますが、安心感は高いのです。これら国内の食料産業を上手に活用して、優れた国内での食品の生産を進めるとともに、国際的競争力を高める努力をしてはどうでしょうか。円安になり、これまで安価に入ってきた海外からの食料品が高騰してきています。これを機会に穀物をはじめとして、食料の自給自足へのかじ取りをするのも一案でしょう。購入する側も、国内の安心できる食料品を以前より安価で購入できるなら、魅力的でしょう。

北海道にしばらく住んでいたこともありますが、日本の安全で優れた農林畜産業を発展させてもらいたいと心から思います。以前より、北海道などの農林畜産業界の大きな課題の一つは、それを担う若手人材の不足です。次世代を担う若手が不足しているだけでなく、農村に住む若い人々の多くは、都会に出て第二次、第三次産業につきたいと思うようです。でも**これからの若い人々には、自分たちの育った美しいふるさとの良さを十分理解して、その地域で活躍してもらいたい**ものです。

最近日本は、門戸を広げて海外からの移民を受け入れようとしています。北海道の農林畜産業にも東南アジアの若手が移住して取り組もうとしているというニュースを聞いてうれしくなりました。これからの日本の農林畜産業を支える国内外の若手が増えることで、この分野が発展し、日本の安全でおいしい食材が提供され、自給自足が進むことを期待したいものです。

これからの大きな課題の一つに、地球温暖化があります。この数年、明らかに猛暑が続いてきています。海水の温度上昇が続いており、漁獲量が減少し、その種類も大きく変化しています。また台風の発生やその被害も明らかに増えてきています。さらには世界各地で生じている山火事も、甚大な被害を出しています。これも温暖化の結果とされています。

最近ではカナダの広範な土地での山火事や、ハワイ・マウイ島での多数の死傷者を出した山火事が記憶に新しいところです。今後も同様の悲惨な山火事が、世界のあちこちで見られるようになるでしょう。外国の現象としてとらえるのではなく、世界の大きな課題として皆が真剣に考え、地球温暖化に対する対策を講じていく必要があると思います。

この温暖化対策として世界が取り組もうとしているクリーンエネルギーへの移行に大きな期待が寄せられています。脱炭素などの最先端分野において、種々のイノベーションが取り組まれています。車両のエンジンも、従来のようにガソリンや軽油から、新しい燃料に替えようとの動きがあります。その中で今後日本が果たす役割も大きくなるでしょう。

最近のニュースでは、日本は炭酸ガス排出抑制の活動がかなり遅れていることが指摘されていました。原子力へのエネルギー生産の移行がなかなか進まないのでしょう。また、ロシアからの輸入の制限が続いているためか、まだかなりの部分で石炭によるエネルギー生産が続いている、とのことでした。

日本国内で将来性のあるエネルギー資源はないのでしょうか。その一つに風力発電が挙げられます。秋田を中心に北日本地区の海岸には数多くの風力発電装置が見られます。また太陽光発電やバイオマス発電なども議論されています。このような種々の次世代エネルギーの開発が進む中で、日本がどのように取り組んでいくのか注目されるところです。

また、生産された電力が長い時間保存できないことも大きな課題だと思います。もし大量に生産された電力を長時間保存できる画期的な技術ができれば、将来のエネルギー産業も大きく展開するのではないでしょうか。畜エネルギーに関しては、日本の企業も世界の動向を見つつかなり力を注いでいるはずです。皆さんの中には、このような将来に向けた技術開発に取り組む企業で働くことや、その産業の育成に加わる可能性のある人もいるでしょう。

日本政府は原子力発電所の再利用や拡大を進めようとしています。原子力利用についてはさまざまな意見があります。どの国でも発電所の処理水の海への排出については悩んでいます。福島第一原子力発電所についても、すでに環境汚染の問題が大きな社会問題となったこともあり、放射線被ばくに対する厳しい意見があります。

放射線については、自然放射線も含めた環境汚染について正しい理解が必要です。被ばくをするか否かではなく、どの程度被ばくすると体に異常を示すか、遺伝子を含めた子孫への影響を及ぼすかを理解することが大切です。

理工学や医療関係では、放射線を扱う機会もあります。そのため、指定された講義を受けたのち、フィルムバッジを支給されて自分自身の放射線被ばくを管理・報告することが求められます。最近では、小学校や中学校でも放射線についての正しい知識を学ぶことになっています。

福島第一原子力発電所にある放射性物質を含む水を浄化処理した処理水の海への排出については、先日ＩＡＥＡ（国際原子力機関）の専門家が何度も来日して詳細を調べて、環境汚染の問題はないと結論を出しました。原子力発電所からの廃液の放出は、ＩＡＥＡの許可を受けて世界各地で実施されています。

専門家レベルでは、土壌や水質に問題はなく、かつそこでとれる海産物も安全であることが示されています。ただ課題となるのが、地域住民の方々や地域の食材を買って食される方々が求めている食の安心が、行政の示す安全ということと異なる点です。安全なことはわかるかもしれませんが、その安全を安心につなげていく作業が必要に思えます。そのためには、まずは地域住民をはじめ、日本全国の方々に向かって丁寧な説明が必要になります。政治家たちが、現地を訪問して説明に当たっているようですが、そのような姿勢は当然であり、かつ大切です。**これからの世代の若手の皆さんには、放射線を取り扱う専門家はもちろん、すべての人に正しい放射線の知識を持って、日常に臨んでもらいたい**ものです。

中国は、原発処理水の海洋放出を理由に日本からの海産物すべての輸入に制限をかけています。さらに日本からの輸入全体に規制をかけようとしています。放射線の問題が政治に利用されているのは、大変残念です。中国への海産物の輸出に頼ってきた地域は、苦労されていることでしょう。でもこの困難を今後軽減するためには、日本の海産物はおいしく、安全でかつ質も高いことを国内外に示すべきでしょう。日本の皆が誇りにして、国内での消費を高める運動を加速してはどうでしょうか。中国以外の国々への依存を高めてもよいかもしれません。とりわけ「福島産の海産物はおいしい！」ということを、日本の皆さんが感じることが大切でしょう。

最近のニュースで、日本大学のアメリカンフットボール部員による大麻の使用が話題になっていました。選手の中で少しでも運動能力を高めようと、とんでもない行動に走ったのでしょうが、これでこのチームはもちろん、日本最大と言われる日本大学の評判は地に落ちました。日本では麻薬の使用は厳しく制限されています。麻薬の中でも大麻（マリファナ）は一部の国で使用できることもあり、それが日本に持ち込まれ、たびたび社会問題になっています。私がアメリカに滞在している折にも、大麻の許認可についてはずいぶん議論となっていました。カナダでは十八歳以上の成人による大麻の所持・使用の一部が合法化されています。また大麻の有害成分を含む製品（食品の形状をしたもの、肌に塗るものなど）の所持・使用も合法化されています。米国でも大半の州で使用が合法化されるようになっています。

大麻は麻薬の中では毒性や依存性が少ないというのが主な理由でしょう。その体への影響や依存性は喫煙と変わりないとの考え方もあるのでしょう。また米国では資格があれば、銃の保有も許可されています。要は個人の管理に任せるということなのでしょうか（もちろん米国以外の多くの国では銃の保持は禁止されています）。大麻についても、タイを除く日本をはじめ多くのアジアの国々で保持や使用は禁止されています。大麻が問題とされるのは、その毒性や依存度はもちろんですが、その使用が次第により薬効の強い、アヘンなどの強い麻薬への使用に発展する可能性があるからです。特に大学生の間で、友人などを介して密かに広がることがよく知られています。**大学生の皆さんは、この大麻の使用が日本では厳しく制限されていること、また大麻の入手できる外国に行ったのち、帰国の際に持ち帰ることも厳禁で、とりわけ帰国の際に厳しくチェックされることを知っておいてください。**

国際情勢にも目が離せません。ロシアによるウクライナ侵略は、ＥＵをはじめ世界を巻き込んだ戦争になる可能性を十分秘めています。ロシアは歴史的に広大な領土を保有してきたこともあり、その一部を取り戻したいとする考え方が強く、これまであちこちで種々の問題を起こしてきています。今回の侵略も明らかに一方的で、世界中から非難されています。世界中の人々に戦争の悲惨さ、さらには不条理を理解してもらいたいものです。太平洋戦争を経験された年配の方々は、次第に少なくなってきています。彼らから戦争の悲惨さ、無残さを伺って、戦争を回避する大切さをすべての人々に感じ取ってもらいたいものです。とりわけ**これからの世代の人々には、戦争回避の考え方を持って、明日の平和な社会作りに貢献してもらいたい**ものです。

ロシアによるウクライナ侵略の進む中で、中国とロシアの経済的な関係が深まっています。経済面ならまだよいかもしれませんが、今後軍事的な協力へと進展すると、予断を許さなくなります。我が国は、これまで輸出入で中国に依存してきました。すでにそれを制限しようとしていますが、経済的な障害がかなりあるようです。今後日本が中国との関係をどの程度払拭できるのかは大きな課題と思います。確かに中国は世界最大の人口を有する国で、いろいろと依存することも多かったことでしょう。でも経済低迷や人口減少も指摘されています。今後日本は、中国に代わる国々として、日本に比較的好意的なインドを含む南アジアや東南アジアとの関係をさらに深めていく必要があるように思えます。

現在日本は、大切な資源の多くを海外からの輸入に頼っています。ウクライナ情勢でロシアなどからの輸入がすでに厳しくなっています。また前述したように、中国からの輸入にも制限がかかってくるでしょう。輸入制限の結果、物価高騰を招いているようです。まず課題となるのは、これまでウクライナから大量に輸入されてきた食料の停止、制限です。今後、日本国内で生産されている食料を活用できないのでしょうか。小麦の輸入制限と高騰が課題ですが、それならお米の利用の拡大はできないのでしょうか。**米の加工を工夫することで、新しい食料品はできないのでしょうか。ぜひ大学で学ぶ人たちに考えてもらいたいものです。**つい先日のニュースで、おにぎりの人気が高まっていることを耳にしました、今後に期待できそうです。**また遠い将来を考えた際に、日本で生産できる次世代のエネルギー源はないでしょうか。理工学の専門の皆さんには、真剣に考え取り組んでもらいたい大切な課題です。**

もし学生時代にこれらの専門分野の勉学に励めば、将来企業で働く際に役立つ可能性は十分あります。さらにこのような国際情勢の把握は、今後学生さんたちが企業などに就職して、そこでさまざまな分野で活躍するために、把握しておくべき大切な問題と考えます。これは経済や経営を主体とする多くの企業に関連の深いことです。多くの学生さん、卒業生に認識していただきたいことです。またそれが、未来の日本を担ううえで大切になるはずです。

⑤地域の魅力を再認識する

大学生に訊くと、遠方のふるさとから大学に来て、下宿している学生がかなりの数にのぼります。下宿生の多くは毎週末や学期の合間に帰郷するのでしょう。特に読者の皆さんは、いろいろな地方で育ってこられたことでしょう。皆さんは、それぞれの地元の魅力をよく理解していますか。また大学生の折に、あちこち国内を観光訪問する機会も多いでしょう。**それぞれの観光地に、独特の魅力あふれる歴史・文化があります。今一度その地域の魅力を振り返ってみてください。**

私自身は岐阜で生まれて（長良川のそばで生まれたこともあり、川の名前をつけてもらっています）長崎で育ち、その後京都や札幌で長い間生活をしてきました。この四つの街は、全国の中でも大変人気のある観光地でもあります。それぞれに独特の異なった歴史を持っています。

岐阜は斎藤道三が育ったところで、岐阜城を建築しました。その後、城は斎藤龍興が治めていたのを、織田信長の率いる秀吉の軍が独特の戦略で奪い取ったという歴史がありま す。また、街の中心を長良川が流れており、そこでの鵜飼いは素敵です。私の最も年少の記憶としてこの鵜飼いが残っています。でも鵜飼はあっけなく見終わるので、少し寂しい感じがあります。「おもしろうてやがて悲しき鵜舟かな」と、松尾芭蕉が長良川の鵜飼いの時に詠んでいるのもわかるような気がします。岐阜はこのように歴史にも自然にも恵まれた土地だと思います。

長崎は江戸時代の鎖国の折に唯一の海外への窓口となった場所です。またキリシタン弾圧を受けた街でもあります。幕末に活躍した坂本龍馬のゆかりの街です。さらには原爆被害を受けた街でもあります。歴史上の貴重な遺産が数多くあります。世界中にキリスト教徒は多くいます。長崎のキリスト教徒が悲惨な弾圧を受けた歴史は、世界中の人に知っておいてもらいたいものです。ローマ教皇のヨハネ・パウロ二世は一九八一年に長崎をご訪問されています。また二〇一九年の十一月には三十八年ぶりにローマ教皇のフランシスコが長崎を訪問されています。その折には広島、長崎の原爆被災地を訪問されたこともあり、世界平和と核兵器の廃絶を願われるとともに、長崎のキリスト教信者への思いを語っておられました。

私は一九五七年から十年間、多感な時期をこの長崎で過ごしました。居住地の近くに浦上天主堂があり、毎日天主堂の鐘の音を聴きながら育ちました。移住当時にはまだ原爆の跡の半分崩れた建物が残っていました（原爆資料館にその写真が残っています）。また、観光地として有名な平和祈念像もできて間もない時期で光り輝いていた印象を持っています。その後、ローマ教皇のご訪問もあり浦上天主堂をはじめ原爆公園や平和公園などはずいぶんきれいに整備されています。

長崎は辺境の地域とされ、交通が不便でした。つい最近長崎新幹線ができ、始発の長崎駅から佐賀県の武雄温泉まで三〇分で移動できるようになりました。種々の事情で博多までは延びていませんが、武雄温泉からは特急と連絡されていて福岡まで簡便に移動できるようになっています。

京都の観光遺産は、ここであらためて紹介するまでもないでしょう。コロナ禍による制限がほとんどなくなった最近では、コロナ禍以前と同様、あるいはそれ以上に京都を訪問する海外からの旅行者（インバウンド）が増えています。オーバーツーリズムという言葉が出てくるほど、京都在住の人が困惑するほどの観光客の増加があります。このような海外旅行者の増加に対して、現地でどのような対応をとるとよいのかが大きな課題となります。

また、札幌は北海道の中心の大きな街です。北海道開拓史を学ぶことができます。北海道大学の前身の札幌農学校の頃から急速に発展した地域です。その農学校出身で同級生だった内村鑑三や新渡戸稲造らが大きく関与しています。特に新渡戸の書いた英文著書の『武士道』は、世界中の人々が日本の優れた歴史・文化を理解するのに役立ったと言われています。

北海道は日本の農業・畜産業を支えている価値のある地域でもあります。なんと言っても北海道には広大な土地があります。さらに冬には優れた雪質のあるスキー場もあります。特にオーストラリアからのスキー客には人気があります。というのも、南半球に住む彼らにとっては、夏に時差の影響のほとんどない航空機に乗って北海道に来ればパウダースノーのゲレンデで存分にスキーができるのです。このように、北海道は自然にも極めて恵まれた地域が多く、国内だけでなく海外からの訪問者も数多くあります。その点で今後の地場産業の発展を配慮するうえで、大切な地域と言えます。

北海道のもう一つの魅力は、あちこちに素敵な温泉があることでしょう。北海道に住みだしてから、すっかり温泉好きになりました。また地区ごとの会議がありますが、北海道と東北が一緒になって北日本地域の合同地方会を作っていました。この地方会に出席するため、北海道だけでなく、東北のあちこちに飛行機で出張することも多くありました。東北にも北海道と同様、隠れた温泉が数多くあります。たとえば青森にある歴史あふれる酸ヶ湯温泉、秋田にある温泉の質のよい乳頭温泉、山形では江戸時代の雰囲気がそのまま残っている銀山温泉など、挙げればきりがありません。それぞれに楽しめます。やはり温泉文化の良さは、住み慣れた長崎や京都に比べて、北日本のほうが勝っているようです。

もちろんここに挙げた地域以外でも、それぞれ独自の恵まれた観光資源や産業資源があるでしょう。これらを国内の人はもちろん、世界中の方々に観ていただきたいものです。大学のある街には都会にせよ、田舎にせよ、それぞれに魅力的な歴史・文化があります。また皆さんの住んでいる（あるいは住んでいた）街にも、それぞれの特徴あふれる文化があるでしょう。それらをぜひ訪れる人に知ってもらいたいのです。また、観光に来ていただきたいものです。このような地道な活動が日本の観光産業に大きくつながると思います。

私自身、大学の教員として講演のため全国各地を回ってきました。地域を調べたところ、東北・関東地区をはじめ四十七都道府県のほとんどすべてを回ってきています。最後に一カ所だけ大分県が残っていました。するとそれをどこかで聞きつけたのでしょうか、大分大学の先生がご配慮してくださり、私を大分で開催されている研究会の講師として招待してくださいました。大分には野生のサルを観察できる高崎山があります。また別府温泉や湯布院など、魅力的な観光・温泉地が散在しています。大分を講演訪問した際には、もちろんこれらを回って楽しみました。これで全国すべての都道府県で講演してきたことになり、大いに誇りに思っています。

もともと旅行が好きなこともあり、全国の各地域を講演で回った折には、その前後でそれぞれの地域の特色のある観光地や名所を巡るようにしてきました。どの地域をとっても魅力あふれる歴史・文化があり、自然にも恵まれていて、存分に楽しめます。ぜひこの特徴ある各地域の特色を上手にアピールして、観光誘致などに活かしていただきたいものです。

⑥海外旅行はお勧め

国際感覚を磨く重要性は、「国際性を身につける」の項目で詳しく述べました。世界中で国際化が進んでいます。国際語である英語を用いた会話力はますます重要性を増します。個人的には学んだ英語を活用するためには海外留学が最も望ましいと考えていますが、大学での授業のことや進学のこともあり、不安もあるでしょう。それならば、せめて休みの期間に海外旅行を試みてはどうでしょう。短期間の旅行でもよいですが、可能ならば少し長目の期間で滞在型の旅行をしてはどうでしょうか。短期間旅行だと観光地が主な目的になりますが、滞在型の旅行ならその地の日常生活を垣間見ることができます。現地の人々がどのような生活をしているかを見ることは価値があります。

大学によっては、交換留学など国際交流に力を入れているところもあるでしょう。私の現在所属している大学では、近くの国々との間で学生の交換留学を推進しています。もしそのようなプログラムが大学にあれば、ぜひ応募してみてはどうですか？　大学からの支援もあり、同級生と一緒に行けるので心強いでしょう。また、先方の大学が旅行中の種々の企画もしてくれ、安全も担保してくれるはずです。さらには相手の国の学生たちとじっくり意見交換ができる機会も貴重です。どのような勉強や大学生活をしているのか、をじっくり観察してきてください。

海外旅行をすることで、いろいろな国の事情がよくわかるはずです。また、あらためて自分の住んでいる日本の安全・安心などの良さがわかるでしょう。日本国内の種々の課題を見つけることができるかもしれません。何度も言いますが、**国際的な視点に立ち、あらためて自分の環境を振り返ってみてください。そして今後どのようにしたらよりよい生活、良い国になるのかを熟慮してほしい**のです。

私の経験を紹介しておきましょう。高校生の時に一年間米国に留学したことは述べました。その後、大学二年生の折に、夏休みに一カ月欧州の一人旅をして高校留学の時の友人を訪ねました。一人はオーストリア在住、もう一人はノルウェー在住でした。それぞれに大学生になっていて、生活ぶりもよくわかりました。二人とも大学生活を楽しんでいるようでした。

欧州では、ドイツ圏は英語がよく通じますがフランス圏は英語があまり通じません。安い旅行をしていたので宿泊施設も安価なところを探していました。フランスのとあるホテルでは、習いたてのフランス語を必死に使って交渉し、なんとか通じて宿泊予約ができました。フランス語を勉強しておいてよかったと思ったものです。その直後、アメリカ人旅行客がやってきて英語で宿泊の交渉をしています。宿泊担当者はしっかり英語が話せることがわかり、いささかがっかりしました。

前にも触れましたが、一般に外国の人と話をする際には、まずその国の言葉で片言挨拶などをした後、英語などの得意な言葉で話をするとよいようです。相手は母国語を聴いて多少安心し、心をオープンにしてなごやかに会話に加わろうとするのでしょう。最初の会話が大切なように思えます。講演をする際にもまずその国の言葉で挨拶を述べてから、本題に入っていくと、聴くほうもリラックスして案外よく理解してくれるようです。中国や韓国での講演の機会も多くありました。その際には親しい友人に教わって、中国語や韓国語で「こんにちは、ここに来ることができてうれしいです」くらいの言葉を投げかけるようにしています。多くの場合、それだけで拍手をもらうこともあり、その後のスピーチが楽になります。逆に、日本に来られたお客さんや招待講演の人が、最初に日本で片言挨拶や自己紹介などをしてくださると、聴くこちら側は相手の努力やフレンドリーな対応がうれしくなり、その後の会話や講演の受講もスムーズに進むでしょう。

さらに、イタリアやスペインに行くと、それぞれの母国語が使われています。でも同じラテン系の言葉なので、フランス語に比較的類似しています。フランス語を学んでいたおかげで、それぞれの言葉はわからなくても、おおよその国の言葉の概要はわかります。

社会人になったのち、スペインのマドリッドでレンタカーを利用してグラナダにあるアルハンブラ宮殿に行ったことがあります。マドリッドのレンタカーの会社では問題なく英語が通じます。でも地方に行くと、なかなか英語は通じません。悪いことに、レンタカーの給油をする際にガソリンの代わりに軽油を入れられてしまいました。たまたまガソリンスタンドで車を軽油の給油の前に止めてしまったのです。今ではディーゼルと書いてあるので容易にわかりますが、当時はガソレオとの記載だったことを記憶しています。すぐに車は動かなくなりました。この問題を解決するのに、言葉が通じなくてずいぶん苦労しました。相手はスペイン語、こちらは片言のフランス語でやり取りして、なんとか解決をはかったものです。

言葉が通じなくて困惑している時に、その街のインテリの方を紹介していただいて、言葉のやり取りをしました。そのインテリと言われる方が話す言葉はフランス語でした。スペインの田舎では英語は全く関係ないということなのでしょうか。最終的には時間はかかりましたが、車から軽油を除去して、ガソリンを入れなおして、なんとか車の旅を継続することができました。フランス語を学んでおいてここでも役立ちました。

さらには五〇歳を過ぎた頃、在外研究員の制度を利用してドイツに行きました。同じ研究分野の親しい友人のいるミュンヘン工科大学に、客員教授として二カ月滞在したのです。

ちょうど娘が高校生で、ＡＦＳを利用してドイツに一年間交換留学している時期と重なっていたこともあり、娘とドイツ国内をあちこち回ることができました（娘がお世話になったドイツの家庭に挨拶もできました。また娘のドイツ語をそばで聴くこともできました）。また、客員教授という称号をいただいていたこともあり、滞在先では何度も講義をさせていただきました。幸いドイツでは英語がよく通じるので、言葉で苦労をすることはありません。教室内で研究会議を行う場合も、若手の先生方は皆英語を使って話をします。私はこれが普通なのかと思い感心していました。でもその場の会話はしばらくすると、だんだん英語からドイツ語に変わってきました。どうもその会議に出席している私に配慮して英語を使っていたのだということが後でわかりました。滞在した大学は最先端の教育・研究を行っている機関だけに、このような心配りができるのでしょうか。日本の大学でも、もし海外からの留学生が同席しているのであれば、これくらいの言葉の配慮はしたいものです。

海外旅行をよくしている学生さんも多いことでしょう。あるいは北海道や九州などの離れたところに在住の学生さんは、飛行機を使うことが多いでしょう。ここで一つ参考になる旅行計画のことを紹介しておきます。

よく海外旅行をされる方はご存じと思いますが、日本航空（ＪＡＬ）はワンワールド、全日空（ＡＮＡ）はスターアライアンスという世界規模の航空連携を有しています。この航空連携を利用するとそれぞれの航空会社のマイルがたまり、次以降の旅行に活用できます。何度か飛行機を利用する旅をすると、かなりマイルがたまって、その次の回はマイルを使って特典航空券を利用することもできます。その点で、航空会社を限定して利用するといろいろな特典が付きます。

一つ極端な話を紹介しましょう。南米やアフリカ南部などに旅行する際には、直行便がないため、複数の航空便に乗り換えてかなりの時間がかかります。その帰路を同じ道で帰国するのでもよいですが、可能ならばその裏側を回って地球を一周してみてはどうですか？　世界一周の航空連携を利用した旅行券があり、びっくりするほど安価で購入できます。ただ、条件としては二カ所以上に滞在すること、そして旅行全体が二週間以上であることが定められていたと記憶しています。学生にとっては長い休みを取ることができるので、挑戦できる旅行になるのではないでしょうか。また、それぞれの旅行会社のマイルもかなりたまることでしょう。

私も南アフリカで学会があった折、シンガポール経由で長時間かけてヨハネスブルグに行きました。もちろん、ケープタウンなどの観光地を友人たちと巡り、存分に楽しみました。帰りは思い切って米国に行き、私が留学したボストンを訪問。世界一周の旅をしたのです。全体で二週間の期間の確保が必要なため、ボストンでゆっくりとくつろぐこともできましたし、旅行料金も予想したよりかなり安価で旅ができました。まだ南アメリカには行ったことはありません。もし機会があれば、行きか帰りに欧州に立ち寄る計画を立てて世界一周をしようかと密かに考えているところです。

⑦ボランティア活動

学生時代に種々のボランティア活動をする機会があるかもしれません。これも大いに推奨したいものの一つです。大学生のボランティア活動は、まったく個人の自由です。ボランティアをする機会はいくらでもあります。それが困っている人々を助け、社会の貢献になるなら、喜ばしいことです。**社会的に困っている人々に、どのような形で手を差し伸べることができるか、真剣に考えてみてください。**小さな活動でよいのです。大学生の場合には時間の余裕もあるでしょうから、少しずつこのようなボランティア活動に参加してみてはどうでしょうか。

つい先日のニュースで、台風被害を受けた京都府北部の被害地に京都府内のボランティアが集まり、京都府の用意した専用のバスに乗って被害地の復旧活動を行ったことを放映していました。その中には大学生もいて、土砂の排除などの力仕事や木材の運搬などの作業をしていました。同じ府民として、また大学教員としてうれしく、誇らしく思いました。一九九五年に阪神淡路大震災がありました。その折に全国から多くのボランティアが集結して活動し、被災された方々には大いに役立ったと伺っています。さらに二〇一一年に東日本大震災がありました。その折にも日本中から多くのボランティアが駆けつけ、被災された方々を助けました。とりわけ阪神淡路大震災で被害にあわれた方々が、次は自分たちが助ける番だとして積極的に参加されたと伺い、うれしくなりました。

東日本大震災後に福島医科大学を訪問する機会がありました。震災直後には自衛隊の方々が駐屯していました。自衛隊の皆さんは、空気中の放射線の線量や作業中の個人の被ばく線量をしっかり測定しながら、要領よく作業をしていました。また被ばく線量についてもよく理解していて、私の質問についても的確に回答され、安堵しました。私たちは大学の中にいて衣食住のお世話になりましたが、自衛隊の皆さんはキャンプテントをはり、自炊をして、かつトイレも仮設のものを使っていました。きっと世界中のどこに派遣されても生活できるように自給自足の活動に慣れているのでしょう。もちろん彼らの移動は大型トラックです。これならどの災害地でも作業できるでしょう。福島県の東部はかなり放射線汚染の量が多くて、避難された方々も多いと伺っています。

また汚染を取り除く作業もあちこちで進められていました。その作業にボランティアの方々も多く関与されていて、頭が下がりました。同時に放射線の専門家が現地に出向いていて、放射線の量を細かく測定して、除染をする作業などに適切な指示をしておられました。

たまたま福島市内のタクシーの運転手さんにお話を伺いました。長崎大学から来られた先生が、福島市内の放射線影響が極めて少ないことをお話しされたそうです。これを聴いて、「福島市内の方々は安心して生活ができます。先生には心から感謝しています」としみじみと語っていました。その先生は放射線被ばく、放射線障害のご専門で、福島の放射線事故直後から長崎大学の要職を辞して福島に来られ、長期間単身で滞在されていました。そして放射線汚染や被ばくの影響などを調査されていました。特に汚染事故後、この地域の放射線の汚染量が人体に影響を及ぼすとされている量も実際にはかなり少なく、過剰な反応をしないで安心して生活できることを上手に指導しておられました。また、出ていかれた長崎大学も、教員のボランティア活動を理解し、その身分を確保していました。先生の献身的なご尽力に、心から敬意を表したいと思います。

私たちの福島滞在期間はわずかでしたが、多くのボランティア活動の方々を見ました。皆それぞれに目的を持って復興活動をしておられました。その姿を見て日本は本当に良い国だとつくづく思いました。

ボランティア活動には海外の発展途上国での支援もあります。ずいぶん昔にアフリカの父といわれるシュバイツァーがアフリカの医療を支えていたのは有名な話です。この話にあこがれて、長崎大学医学部におられた外科医の柴田紘一郎先生が、アフリカのケニアで二年間外科手術をされたと伺いました。さらにはこの話にヒントを得て、歌手のさだまさしさんが小説『風に立つライオン』を書かれました。その後これが映画になり、ご覧になった方も多いと思います（これについては後でも紹介します）。ここに紹介されているアフリカなどの発展途上国でのボランティア活動は、本当に価値のある仕事だと思います。ただ、海外でのボランティア活動は、まず身の安全を十分担保したうえで参加していただきたいことを付記しておきます。

⑧大いに読書をする

読書についても強く推奨します。小中高校生の時代には先生から読書を勧められてきたことでしょう。**大学生時代は時間的余裕もあるでしょうから、ぜひ読書の時間を作ってもらいたい**ものです。読書をすることで、先輩経験者の意見が参考になるでしょう。またさまざまな考え方を聴いて、広い視野に立ってさまざまな立場を理解することに役立つでしょう。小説でもその中に出てくる人々の人格やその人たちの生活している社会を垣間見ることで、自分自身の周囲や生活自体を振り返る良い機会となるでしょう。

最近日本人の読書離れが進んでいます。大人も読書離れしていますが、特に若者の読書離れ、活字離れが顕著です。スマホが普及し、ＳＮＳが盛り上がっている最近では、読書の機会が減っています。電車などの中ではスマホを見る若手ばかりで、読書している人はほとんど見かけなくなりました。おそらく日常生活でも同様で、読書する機会がかなり減ったのではないでしょうか。活字を読む習慣は大切で、必ずビジネスなどに大いに役立つと思います。

なにも難解な本を読むことを勧めているわけではありません。気軽で楽しく読める本でよいのです。生活の余暇の一つとして、ぜひ読書の機会を大切にしてほしいものです。また読書を通して、その内容について自分でものを考えるよい機会になります。将来広い視野に立つ社会人として活躍するためにも、読書が役立つことを信じています。

社会問題を扱った数多くのエッセイがあります。もちろん社会問題については、スマホやインターネットでのニュースなどで、簡単で要領よく、かつ最新の情報を入手することが可能です。でも実際にまとまった論説を読んで、じっくり考えてみることの意義は大きいと言えます。最近ではコロナ禍後の社会のこと、中国の世界進出のこと、ウクライナ戦争、さらにはイスラエルによるガザ侵攻を扱った論説などが、数多く出版されています。どれをとっても世界の情勢を理解し、今後の変化を予測するうえで役立ちます。社会問題については前述しているので、それらの課題について真剣に取り組んでいただきたいものです。

たとえば、日米関係はしっかり堅持されているものの、米国の力は次第に低下していきます。代わりに中国の力が増してきており、東アジアの不安定化が気になるところです。でもその中国も、ゼロコロナ政策の失敗の影響や、人口減少が進み国力の低下が予想されます。代わりに台頭するのはインドでしょうか。ある本には、次のように書かれていました。「十九世紀時代を制したのはイギリス、二十世紀はアメリカ、二十一世紀初頭は中国、そしてコロナ禍後はインドか？」」。歴史的に見ても面白い発想でしょう。このような本を読んで、世界情勢や社会問題をじっくり考えてみてほしいものです。

学生の皆さんは高校の時に中国の孔子の書いた有名な『論語』を学習したことでしょう。その『論語』の中に、「十五にして学に志す。三十にして立つ。四十にして惑わず。五十にして天命を知る」という有名な言葉があります。大学に入学する前の十五歳頃は、学ぶことにあこがれ、こころざす時期です。またその姿勢が大切です。大学卒業後社会人となり、三十歳前後で一人前になることでしょう。立身出世のスタートになる時期でしょう。この頃が最も仕事のできる年齢ではないでしょうか。迷わず人生を賢明に歩んでほしいものです。

一定期間を経ると、自分自身はどのように社会に貢献できているのか、世の中で何を求められているのかがわかるようになるのではないでしょうか。『論語』には十五歳から七十歳までいろいろな記載がありますが、その中で五十歳の「天命を知る」の部分が私は最も好きです。人それぞれにとって人生の半ば過ぎである五十歳頃になると、自分の天命を知るようになるのでしょう。最も仕事ができる三十から四十歳代を経過した後に、人生として意義のある「天命」を悟るのではないでしょうか。人それぞれにさまざまな人生を歩むことでしょうが、自分の天命は何になるのか、学生時代から予想するのも楽しいものでしょう。

五十年近く大学の教員として勤めてきた自分にとっての天命は「人材育成」に尽きるように思えます。大学人として世界水準の研究を推進することは、当然であり重要です。他方、自分の研究成果がピークに達してきた頃、これらの研究を次の世代に引き継ぎ、学生はもちろん、若手研究者や教育者を育てていくことこそ、自分に与えられた使命のように思えます。

さて、皆さんは大学で勉学をして社会人となって、どのような人生を過ごそうと考えているのでしょうか。無限の可能性を持っている皆さんの将来に期待したいものです。

私の読書経験を紹介しましょう。中学校頃、国語の成績が悪く、成績向上のため国語の先生の指導に従って小説を読み始めました。中学時代に読んだ三島由紀夫の『潮騒』は本当に楽しみました。寝食を忘れ徹夜して読み切りました。海に面した長崎に住んでいればこそ、この小説に出てくる場面は臨場感がありました。読書を提案していただいた国語の先生からは、「小説を読むようになって成績が上がったのでは」と言われました。でも実際にはあまり上がりませんでした。単に先生からの暗示だったのでしょう。でもありがたいことに、これを機会に読書に親しみを持つようになりました。

私は歴史小説が好きで、井上靖、司馬遼太郎、遠藤周作などの小説を数多く読みました。ここでその一部を紹介させていただきます。

井上靖は数多くの歴史小説を書いています。その中でも著名な小説に『天平の甍《いらか》』があります。奈良時代に大海原を越えて唐に留学した若い僧たちの話です。その中でも印象に残っているのが、唐の揚州に生まれた高僧鑑真和尚が苦難の末日本に渡り奈良の唐招提寺を開祖した話です。嵐の中を木の葉のように翻弄される僧たちの運命が記載されていました。大きな歴史のうねりの中で、留学して学んだ仏教や中国文化を持ち帰ろうとした苦労がよく伝わります。また、彼らの留学の意義は現代にまで活かされているように思います。

司馬遼太郎は、戦国・幕末・明治を舞台とした歴史小説を数多く執筆しています。特に日本の近代化に独自の思想を持って貢献された歴史上の人物を見事に描出しています。司馬遼太郎の作品の中で特に有名なものに『竜馬がゆく』があります。幕末の奇跡と言われる坂本龍馬の生涯を、壮大なスケールで描いた歴史小説です。龍馬の生涯は、ＮＨＫの大河ドラマでも放映されていたのでご存じの方も多いでしょう。

泣き虫だった幼年時代から、青年時代に道場に通い始め、竜馬は次第に本領を発揮していきます。なにより桂小五郎をはじめとする貴重な人々との出会いから、〝竜馬像〟が作られていきます。歴史上の重大な「大政奉還」の立役者になり、大きく歴史の転換に結びつけた業績を見事に描いています。特に長崎には彼が作った亀山社中の記念館もあり、薩摩と長州をつなぐ大切な役割を果たした活躍ぶりを垣間見ることができます。歴史小説の初心者にもおすすめの司馬遼太郎の作品です。

個人的に特に気に入っている小説に『坂の上の雲』があります。二〇〇九年にはテレビドラマ化もされました。ドラマでは、阿部寛と本木雅弘の二人が演じる秋山好古、真之兄弟の生き方はすがすがしいものでした。この小説でも明治時代の希望あふれる力強い人々が登場していて、特にこの二人の活躍は目覚ましいものです。この小説の中で紹介されている、二百三高地での激戦は鮮明に記憶に残ります。乃木希典大将率いる日本軍が、何度も作戦に失敗しても懲りないで同じ作戦を続けます。その結果、何千何万もの死傷者を出します。最後は児玉将軍が代理で指揮をとり大砲の位置を変えた結果、不滅とされた二百三高地を陥《おとし》れます。その後占領した二百三高地から旅順港に停泊するロシア艦隊を撃破し、日露戦争の大勝利につながるという、まさに日露戦争の大舞台なのです。

この本を読んだ後、たまたま中国で開催された学会に参加する機会がありました。その折に大連から二百三高地を訪問しました。そこには記念碑があり、旅順港を見渡すことができます。日露戦争ではこの高地を占領するために数多くの日本人兵士が何度も怒濤のように攻めのぼり、銃撃を受けて命を絶ったのです。そのことを思い起こすと、涙が止まりませんでした。私のように歴史の好きな日本人にとっては一度は訪れたい観光地なのでしょう。毎年多くの日本人の訪問者があるとのことでした。

『坂の上の雲』にゆかりのある愛媛には友人も多く、愛媛大学との交流もさせていただいている関係で、何度かこの松山を訪問しています。松山はドラマの主人公の秋山好古・真之兄弟のふるさとです。この小説の主人公の一人正岡子規の記念博物館もあり、教室員らとともにゆっくり見せてもらいました。また、テレビドラマ放映後には松山市内に『坂の上の雲』記念資料館もできています。

遠藤周作はご自身がキリスト教徒でもあり、キリシタンの歴史の深い長崎を舞台とした小説を多数出版しています。中でも彼の代表作『沈黙』はぜひ読んでもらいたい小説です。

この作品は一七世紀の日本の史実に基づいて創作した歴史小説です。キリシタン弾圧の渦中のポルトガル人司祭を通した、神と信仰の意義をテーマとしています。キリシタン弾圧の中で、信教の強い多くの人々はマリア様を信じて殉教しました。精神的に弱いキリシタンの人も多く、当時の長崎奉行所の役人から強要されたマリア様の像の描かれた踏絵を仕方なく踏んでいました。これで殉教を逃れはするものの、やはりマリア様を信奉し続けます。ポルトガル人司祭が語りかける「弱いものが強いものよりも苦しまなかったと、誰が言えるのか？」というメッセージが、遠藤周作ご自身の思想でもあります。

最近この原作が『沈黙―サイレンス―』と題して映画化されました。この映画は三度も観て楽しんでいます。踏絵を踏む「転び」の行為と、宗教自体を破棄する「破教」とがいかに異なるのかがこの映画のテーマです。映画の後半では「シンドラーのリスト」の主役として有名なリーアム・ニーソンが出てきて、神父からお寺の住職に変身していたのも印象的でした。遠藤周作の主張を感じることのできる魅力的な映画です。

長崎駅の近くの丘には二十六聖人の像があります。キリシタンの弾圧により殉教した二十六人の聖人が祭られているのです。そのうち三人は背の低い子供です。その裏に資料館があり、踏絵や弾圧に使われた種々の道具も陳列されています。また、江戸末期に建築された日本最古のキリスト教建造物とされる大浦天主堂とその隣の資料館にも踏絵などの資料が展示されています。この踏絵を見ながら、弱いけれど誠実なキリシタンたちが心を痛めつつこの踏絵を踏んだのかと思うといたたまれない気持ちになります。大浦天主堂の入り口に小さなマリア像があります。遠藤周作の著書の『女の一生・キクの場合』では、話の最後に悲惨な人生の幕を閉じる女性主人公のために、このマリア様が涙を流すという感動的なシーンがあります。このやさしいマリア像の表情を見るたびに、この小説を思い出します。

ここで紹介した二つの小説は、遠藤周作の独特の長崎弁が記載されています。長崎で多感な少年時代を過ごした私にとっては、特に親しみが深いものです。

私は同じ長崎出身で歳も同じ、さだまさしさんの大ファンです。彼のシンガーソングライターとしての活躍と同様に、彼の小説も楽しみました。長崎出身の彼は、その小説にもふんだんに長崎弁が出てきます。二〇一五年に映画化された『風に立つライオン』は、一九八七年に発売された曲をヒントに、映画にあたって小説化されました。さださんはこの『風に立つライオン』を通して、多くの日本の若者が未開発地域に医療を提供するＪＩＣＡ（国際協力機構）の活動への支援を呼びかけておられました。同時にこの小説では、医療に自分の人生をささげようとする人々へバトンを渡すことも、大切なテーマとなっています。

歴史からは現代に向けた大切なメッセージがあるように思えます。歴史小説から現代の生活の糧になるものを学び取ってもらえれば、読書も一段と楽しめると思います。

本を読んでそこに記載されている土地を巡るのも魅力があります。歴史小説はもちろん、種々の小説の舞台になったところをぜひ訪問して、本の良さを再確認してみてはどうでしょうか。若い人に人気のある小説の一つに、カナダの作家モンゴメリの『赤毛のアン』があります。小説の舞台となったカナダ東部のプリンスエドワード島の美しい風景が、見事に描写されています。話の筋も、欧米人より日本人に好まれているようです。

私は二度プリンスエドワード島を訪問しました。最初は一九八五年の米国留学中に家族を連れてボストンから車を飛ばして行ったことを覚えています。留学する際に、家内から『赤毛のアン』を読むように勧められたのがきっかけです。小説に描写されているグリーン・ゲーブルズハウスとその周囲の美しさが見事に描出されています。読んだ後は必ず現地に行きたくなります。二度目は、それから十年ほどたってカナダへの出張の際に立ち寄りました。その十年の間に日本からの観光客が著明に増加したようで、小さな島で日本人向けの日本語解説が多数見られました。きっと日本の皆さんがこの小説を読んで、プリンスエドワード島にあこがれて訪問するのだろうということが見て取れます。

大学では読書の時間を十分持てます。ある先輩に教えていただいて哲学書に挑戦したことがあります。種々の哲学者から、ベルクソンを選んで読んでみましたが、難解な内容ばかりでかなり苦戦しました。でも、物質社会の中で精神世界の大切さを強調していたような印象だけは残っています。またニーチェの『ツァラトゥストラはかく語りき』も有名な作品で、そこに書かれた「神は死んだ」の言葉に驚いたものです。人間は信仰に振り回されずに、清く気高くかつ自由に生きるべき、との考えが主張なのでしょう。

難しい哲学思想の中で、自分はどう内容をとらえて生き方に反映したらよいのか、を考える良い機会になったような印象が残っています。別に誰の哲学書でもよいのです。このような**哲学的な思想に触れるのも、長い人生の中で自分の生活を振り返ってみるのに役立つかもしれません。**

⑨クラブ活動

学生の皆さんは、中学高校時代にいろいろなクラブや趣味を持っていたのではないでしょうか。大学生時代は比較的時間の余裕もあるので、このような活動をさらに発展させる絶好のチャンスです。特定のスポーツができる観点から大学を選ぶ人もいるかもしれません。また一部にはその能力を買われて推薦で大学に入学して、クラブ活動を継続する人もいるかもしれません。

比較的大きな大学であれば、インカレを目指すクラブが盛んでしょう。私立大学なら、スポーツ能力あふれる人を推薦入学させてさらに強いチームを育成していくことを大学側は考えているでしょう。

インカレを目指す運動クラブの活動は、当然学生生活のかなりの時間を割いて練習に励むことになります。このような活動を通して、一流のスポーツ選手になる道もよいでしょう。卒業後はプロの道が開けるかもしれません。せっかく時間を割くなら、大いに自分の能力を試してみてはどうでしょうか。

上記の体育会系クラブに対して、趣味のレベルで運動クラブ活動を楽しむこともできます。特に単科大学や専門の学部などによっては、学科の勉強も忙しく、せめて平日の夕方や週末だけのクラブ活動を行う、同好会やサークルなどの活動もあるでしょう。もちろんこのレベルのクラブ活動でも、対外試合などがあるはずです。体育会系ほどではなくても、対外試合を通して運動クラブを存分に楽しめたらよいでしょう。また同じクラブ活動をする大学間の仲間を作る機会にもなります。

文科系クラブ活動も、大学では盛んです。音楽や絵画などの芸術系クラブはたいていの大学にあります。そのほかにもさまざまなクラブ活動や同好会があります。**中学や高校生の頃から育ててきた自分自身の趣味を、大学時代に存分に深めてください。あるいは大学生から自由な時間を活用して新しい趣味・活動を始めるのも大いに結構です。**また、運動部、文芸部に共通して言えるのは、自分の趣味やクラブ活動を通して、その成果を上げることはもちろん、同じ趣味を持つかけがえのない交友関係を作れることが、なによりの財産になるでしょう。

ここでも私の経験を紹介しておきましょう。私は音楽好きで、中学時代からブラスバンド部に入り、トロンボーンを吹いていました。また高校の折には、音楽の先生に勧められて合唱団にも入りました。その先生の指導の下、モーツァルトのレクイエムというラテン語の宗教歌を練習して、合唱コンクールに出場したこともあります。皆そろって必死で練習して、コンクールで合唱しました。あいにく、コンクールでの評価はあまり高くはありませんでした。「歌の意味を理解して歌っているのでしょうか?」との審査員からの厳しいコメントでした。でもこの曲の合唱は本当にやりがいがあり、皆満足しました。

高校生での米国留学中には時間的余裕もあり、吹奏楽や合唱のクラブに入って存分に音楽を楽しむことができました。特にあまり上手ではなかったトロンボーンの演奏はブラスバンド部に入って練習し、それなりに上達しました。留学で良かったのは、ホームステイ先にグランドピアノがあったことです。その音色の良さにも刺激されて、ピアノを再び弾きはじめました。好きな曲の楽譜を見つけて練習するようになりました。実はピアノは小学二年生から五年生までの三年間だけ習っていたことがありました。バイエルを終えてソナチネを少し習いはじめた初歩段階でやめてしまいました。今考えると惜しいことをしたものです。最近ではピアノを上手に弾ける男性が多くなりましたが、当時はピアノを習っている男子小学生はほとんどいませんでした。ピアノリサイタル（発表会）で演奏したのは、男の子は私だけだったことを覚えています。恥ずかしい思いが先に立ってしまい、その後長続きできませんでした。

このように音楽に開眼したのは、小さい頃からクラシックを聴くだけでなく演奏することに興味を持っていたからでしょう。トロンボーン演奏は高校卒業後やめてしまいましたが、ピアノ弾きはその後も現在に至るまで、時折遊びで続けています。実は大学生の時に、アルバイトでためたお金でピアノを購入したのです（多少不足しているぶんは両親が援助してくれました）。それから四十年余りの間、このピアノを愛用しているのです。ただ何分基本が不十分でかなり下手なので、人前では決して演奏しません。家庭内では、家内も子供たちもうんざりするくらい私の下手なピアノ演奏を耳にしています。

ただうれしかったのは、父親の演奏に触発されたのか、子供たち三人共このピアノを使って練習してくれたことです。保育園の卒園式では、「Heart & Soul」という曲のさわりを、それぞれの子供が父親とピアノを連弾しました（三人目の末の子の卒園式では、保育園の先生が私たちに親子のピアノ連弾を当然のことのように要望されました）。保育士さんをはじめ、皆さんにはこのユニークな父子のピアノ演奏を喜んでいただいたようです。また父親と連弾した子供たちは、それぞれに参加の皆さんから大きな拍手をもらって得意げでした。私も子供たちの卒園式を盛り上げることができて喜んでいます。その後三人とも小学校時代にピアノの練習を続けて、娘二人は先生について練習を続け、時折リサイタルで演奏していました。長男は私が直接家でピアノを教えて、バイエルを終了するまでになりました。それぞれに音楽性豊かに育ってくれたことは、大きな収穫だったと言えるでしょう。

ちょうど十年ほど前になりますが、北海道大学医学部九十三期の卒業式がありました。この学年は私が学部長として初めて入学式の祝辞を述べた、記念するべき学年でした。たまたま若手教授の一人が卒業式の謝恩会でピアノの連弾をしてくれる人を探していて、ついうっかり『猫ふんじゃった』くらいなら弾けますよ、と失言してしまいました。その結果、この曲を卒業式謝恩会の折に二人で連弾することになりました。その後学部長から、「せっかくならその連弾の後に、お二人にそれぞれピアノを弾いていただきましょう」ということになってしまいました。

実は高校生の米国留学していた際に、必死でピアノ練習したのが、ベートーベンのピアノソナタ『月光』の第一楽章でした。この曲を下手ながら懸命に心を込めて演奏しました。もう一人の若手教授は、ピアノが大変お上手で、この『月光』の難関とされる第三楽章を弾いてくださり、二人でまとまった演奏になりました。私たち二人のピアノ演奏で卒業式謝恩会に花を添えることができました。私にとっては思い出深い出来事として心に刻んでいます。

大学では、音楽のクラブ活動はレベルが高く、全国大会を目指すためにかなりの練習量が必要だったので、入部は断念しました。運動クラブも同様で、インカレを目指す大学クラブでした。代わりに医学部専属の勉強と両立のできるクラブを見つけてきて、医学部ヨット部に入部しました。入学時にはいろいろなクラブ活動の勧誘がありますが、あいにくヨット部はあまり活発な勧誘ができません。というのも、琵琶湖で練習するのですが四月はまだ寒すぎてヨットに気軽に乗るにはかなりの危険を伴うのです。したがって、興味のありそうな新入生は、四月の終わり頃にヨットで湖岸に出られるようになって初めて試乗することができるのです。

ヨットは皆大学に入ってから始めるので、新入生は素人ばかりで力の差は当初は少なく、入部しやすかったこともあります。また、本学の体育会系クラブほど厳しい活動ではありません。一時期、インカレを目指す体育会系クラブの人たちと琵琶湖で合同練習をしたことがあります。彼らはあまり大学には行かないで、週の半分ほどもヨットと共に寝食を共にしているような連中で、一年生や二年生といえどもかなりヨットの技術が冴えわたっていました。ここまで練習すれば上手になるのだなと思いつつ、劣等感を感じながら合同練習をしていました。

一方、私たちは毎年の西日本医学部体育大会（西医体）に出場しており、そこでは毎年上位を争っていました。体力強化にも力を注いでいましたが、隣のボート部の練習ほどには厳しくはありませんでした。悔し紛れに、「ボートは体で進む体力勝負、ヨットは風を呼び込んで走る、体とともに頭も使うクラブだ」と周囲に語っていました。五年余りの間のクラブ活動を通して、ヨットを速く走らせてレースに勝つことを目指してきました。同時に、風を読んで走る技術も学びました。もちろん、先輩・後輩の人間関係を構築するのにも大いに役立ちました。

空気を読めない（ＫＹ）という言葉がはやっています。ＫＹの人は、若い人たちの間で軽蔑されるようです。確かに周囲の空気を読むことも大切でしょうが、それよりも社会の風潮と今後の動向ともなる風を読むことは、社会人として大切ではないでしょうか。**社会で求められることを認識すること、周囲の人間関係について、あるいは種々の社会活動の中でどの点が問題になっているかを把握して、問題意識を共有することは重要**でしょう。このような風を読む姿勢は、社会人として求められています。また、この風を読むための修練も必要です。学生時代や社会人の若い時代にあらゆる手段を使って学んでほしいものです。

ヨットは風を利用して走ります。ヨット部では効果的に走らせるため、そして試合に勝つために風を読むことが求められます。ヨットレースをする際には、まずはどの位置でスタートラインを切るかが、その後のレースを大きく左右します。第一到達点（風上）までは、自由に好きなコースを選んでいきますが、その時にどのように風を呼び込むかもその後のレースを左右します。レースの途中では何度も相手と競り合い、駆け引きをしていきます。

ヨット部に所属していた仲間たちは、その後も上手に人生の風を読んで過ごしているように思えます。また、レースは相手あっての勝負なので、自分が少しでも有利なコースを進めるように、激しい競争の中で自己主張をすることも多いです。また、激しい競争は避けて、自分一人有利な風を読み込んで独自に走りこむこともあります。もちろんお互いに競争することが大切ですが、二艘で競い合いをしている間に別のヨットに抜かれてしまうこともあります。それぞれコースの取り方、競争の仕方には好みがあるようですが、最終的にはレースを楽しみ、良いコースを選択して勝利すればよいのです。

人生というレースでも同じことが言えるかもしれません。競争してトップに立つことも大切ですが、皆で協力し合って同時にゴールすることもあるかもしれません。いずれの場合でも、有利なスタートを切ることが大切です。スタート後は、いろいろな経験を積みながら、風を読みつつ、最終的には人生ゴールを目指してさまざまな進路を歩んでいくのでしょう。コースのたどり方はいろいろあるでしょうが、結果をしっかり予測しつつ、有終の美を飾りたいものです。また最終ゴールだけでなく、ゴールに至るまでどのような経過をたどっていくかも大切でしょう。**ゴール（退職）した後、良いレース（現役人生）だっ**

たと振り返れるような進路を歩みたいものです。

これまで、スポーツをクラブ活動として楽しむことを紹介しました。でも、スポーツは必ずしもクラブ活動に参加しなくても十分に楽しめます。自分自身で体を動かすスポーツは数多くあります。山登りを楽しむ人も多いでしょう。大学生活の時間のある間に日本の百名山と言われる山々を巡るのもよいでしょう。また、マリンスポーツも楽しめます。沖縄の離島に行くと、マリンスポーツができます。スキューバダイビングの学校もあり、存分に楽しめます。機材を使わなくても、シュノーケリングなどで十分沖縄のサンゴや海の魚たちを見て楽しめます。また、山や海を散策する際に仲間を作ることもできるでしょう。

スポーツを自分でやらなくても、観戦して楽しむこともできます。日本では野球ファンが圧倒的に多いでしょう。ワールドベースボールクラシックで、栗山監督率いる日本チームが優勝したことは記憶に新しいですね。そこで最優秀選手に選ばれた大谷翔平は、その後も米国で目覚ましい活躍をしています。

アメリカで盛んなスポーツと言えば、なんといってもアメリカンフットボールです。ゲームを見ていて途中ですぐに中断が入るし、ルールを理解するのは大変かもしれません。四回のダウンの間に十ヤード以上進めば攻撃が継続できる、というのが基本的なルールです。これさえ知っておけば、ゲームはほぼ理解できます。私の大学時代には京都大学アメリカンフットボールチーム、ギャングスターズが強く、日本一になったことがあります。アメフトの選手はたいてい高校頃からの経験者が多いのですが、京大チームは厳しい受験戦争を勝ち抜き、大学生から始めた連中ばかりで、「恐怖の素人集団」などと言われていました。それだけに、大学生になってから始めた彼らのクラブでの活躍には、心から敬意を表しています。

クラブ活動などについて、自分の経験も含めて長々と説明してきました。大学生はそれぞれに楽しいクラブ活動に関わっていることでしょう。比較的自分自身の時間を持てる大学生活で、自由に選択したクラブやサークル活動で得られる達成感を存分に味わってほしいものです。これを通して有意義な学生生活を過ごしてください。

⑩アルバイトはよい経験

学生時代のアルバイトも大切な経験です。もちろん学生の生活費獲得として重要ですし、社会勉強にもなります。学力のある人は、家庭教師や塾でのアルバイトを経験しているかもしれません。これは頭脳を効率よく使うだけに、比較的高い収入が得られます。特に大学受験で成果を挙げることのできた学生さんには、きっと後輩に受験勉強を依頼される機会もあることでしょう。せっかく自分でしっかり受験勉強をしたのでしょうから、その経験を次の受験生に指導してあげてください。アルバイト料も良いでしょうが、何より教えた高校生が受験に合格したら喜びも一段と大きいものです。きっと感謝されることでしょう。

家庭教師のアルバイトでは、教えることの難しさを体感します。上手に教えるためには、さらに自分自身の勉強が必要となります。また、自分で学んだことを相手にわかりやすく教えさずけることがいかに難しい（でも重要な）作業であるかを体得することができるでしょう。その後教員として働く機会があれば、自分自身にとっても貴重な経験になるはずです。

体力のある人は、力仕事のアルバイトも良いかもしれません。体力を作るだけでなく、仕事の内容によっては収入も良いでしょう。でもかなり体力を消耗するはずです。深夜のアルバイトもあるかもしれません。学生での主たる業務は勉学であって、アルバイトで体を崩すことのないように、十分な配慮が必要です。

ファーストフードやコンビニ店などでのアルバイトも、面白い経験ができるでしょう。

ただし収入は、前述した頭や体力を使う仕事より劣ります。ただ良い友人を作るにはいい機会です。また、接客する姿勢を学べる点も大いに参考になります。アルバイトを通して、社会人としての経験、収入を得ることの意味を学べます。そして社会には種々の人たちがいて、いろいろな人々と交流することの意義を体感できると思います。ただし、あくまでアルバイトはアルバイトでこれを本業にするのは課題があります。給料日にもらった少ない収入を、アルバイトの皆で宴会をしてそのほとんどを消費してしまうかもしれません。それでもバイト仲間で楽しく過ごすことは良いものでしょう。

アルバイトをする環境もさまざまでしょうが、お店をどのように効率よく経営しているのかを見る勉強にもなるかもしれません。またお店で働く人々も、どのように正規職員とパート職員の業務分担をしているのかも興味を引きます。アルバイトをしながら大学卒業した後、その会社（お店）に勤める人もしばしば見ます。雇い入れる立場からすると、会社やお店のことをすでに理解している方に来てもらえる利点は大きいはずです。

どのようなアルバイトに従事するにしても、学生の本分は勉学にあること、社会人となるための基礎知識と素養を学ぶことが基本です。アルバイトで得た収入が、学生生活をより快適にするための補助手段であることを、心によく留めておいてください。

⑪精神面のケア

最近、精神的に脆弱《ぜいじゃく》な学生が増えてきています。気分がうつになりやすい学生は、以前より散見されていました。気分が落ち込んで何もできなくなる経験は、誰しもあるでしょう。多くの場合には、友人たちとの付き合いや簡単な気分転換で克服できるものです。気分の落ち込みの解決策はそれぞれ持っているでしょう。友人の間でお互いに助け合うことが大切です。

気分の落ち込みが重度となり、社会的な適用ができない場合、あるいはそのような状態が長続きする場合には問題です。うつ病と診断されて治療の対象になったりするケースが増えています。大学の保健管理センターに伺うと、以前は怪我などを対象とした整形外科領域が主体でしたが、最近は精神的な管理を対象とした、精神・神経科領域のニーズが増大しているようです。その結果、整形外科の代わりに精神神経系の専門の職員が配置されるようになっているようです。そこでは種々の精神的なケアが試みられています。

精神的な活動には周期的な変化を示すことが多いようです。気分的に高揚する時期から、落ち込んでしまう時期もあります。行動力についても同様で、行動的な時期から、行動力が極端に落ち込む時期もあります。多くの場合、気分の落ち込みと行動力の落ち込みは同時に起こります。でもその周期がずれる場合、大きな問題を起こすことがあります。もし精神的に落ち込む一方で行動力が高まっている場合には、その行動が自殺に陥る危険性をはらむからです。ある程度本人の自覚があるので専門家による管理やケアがもちろん大切ですが、周囲の友人などとよく相談してケアしていく必要があります。二十代での死亡率の第一位が自殺だと知って、あらためてことの重大さがわかりました。**学生時代には自分自身のことはもちろん、周囲の友人に対しても細心の注意を払ってそれぞれの精神状態を把握することが大切**です。そしてお互いに楽しい時間を過ごす努力をして、助け合っていく姿勢を忘れないでほしいものです。もちろん保健室の専門の職員とも相談できる機会があるとよいと思います。

精神的に落ち込んでいる場合の対応の仕方は、個人それぞれに持っていることでしょう。音楽を聴いたり、映画を見たり、あるいは好きなスポーツをしたりなど気分転換を図る方法はいろいろあるでしょう。友人を誘って飲みに行ったり、あるいは夜を徹して話し込んだり、など慰め合えるような仲間がいるとありがたいものです。そのような人間関係は大切にしたいものです。

ある方に教えていただいた解決策をここで紹介しておきます。それは、動物園に行って動物の活動を見ることです。特にサル山に行ってサルを観察してください。サルの行動は人間の集団生活によく似ています。食べ物を奪い合ったり、一緒に食べたり、一人で遊びまわったり、あるいはカップルが仲良く過ごしたり、また母親が子供の面倒を丁寧にみたり、ほほえましいシーンに出会うこともあります。

大分県の高崎山自然動物園に行くと、係員が親切にサルの生活ぶりを説明してくれます。そして、高崎山に住む無数のサルの集団の自然の生態を垣間見ることができます。それぞれの集団にはボスがいます。ボスが全体のグループを仕切っています。ボスに嫌われたら、その集団を出て別の集団に入らないといけません。その場合、新米扱いされます。またサルの間では、しっぽが立っているかどうかで先輩後輩の関係がわかります。さらにはこれらの上位関係から、エサを食べる順番も決まっています。たいていはオスの親分がいて、その周囲に複数のメスがいます。ちょうど昔の将軍と大奥の女性たちを思い起こします。またメスの周囲で求愛をしているオスも多いですが、たいていの場合メスから無視されているようです。一時間ごとにエサの時間があり、無数のサルが山から下りてきて、エサをサルの間のルールに従って分け合い、食事の時間を楽しんでいます。柵はないので、人間の周囲でエサをとったり遊んだりする姿を見ることができます。一生懸命に生きているサルたちの様子を観察するのは、楽しいものです。また勉強にもなります。

北海道の函館にある熱帯植物園では、温泉につかるサルの集団を見ることができます。こちらも高崎山のサルと同様、ボスがいたり、男女の関係があったりしているようです。いずれにせよ、サルはそれぞれに温泉につかって、気持ちよさそうに過ごしています。まさに人間の集団生活を見ているようで、興味が惹かれます。

なにも大分の高崎山や函館の熱帯植物園に出かける必要はありません。近くの動物園にサルが団体生活しているところを訪れることで十分です。サルの集団生活を観察してみてください。かれらは一定のルールを守りつつ、一生懸命に生きています。ヒトに近いとされるサルたちの生活ぶりを陰から見て、きっと励まされ、これからの生活に向けた元気がわいてくるのではないでしょうか。

最近のニュースでSNSを介した闇バイト募集が話題になっていました。若い孤独な学生たちにはいろいろな誘惑があふれているようです。特に成人年齢の引き下げを契機に、未熟な若手青年をターゲットにして、悪徳商法の勧誘があるのでしょう。周囲にしっかりとした仲間がいれば、相談することができます。でも精神的にまいっている孤独な若手は、つい目の前のお金に引かれて、判断を誤ることがあり得ます。被害者にも加害者にもならないように十分な注意が必要です。

人それぞれが持つ病（とりわけ心の病）に対処するのは大変です。周囲の人々と相談することが大切です。でも人は病にかかり、それを克服することで大きく成長します。**常に正しく前向きな姿勢を保つことを忘れずに進んでもらいたい**ものです。

4．卒業後のことを配慮する

①独り立ちできたことに感謝

大学を卒業することでようやく学習生活に終止符を打って、社会人の仲間入りをすることになります。多くの学生は、大学の学費をはじめ日常の生活費を両親や親族から支援されてきたことでしょう。これまで**長い間学生生活を支援してくださった方々への感謝の気持ちを決して忘れないでください**。また一部の学生は、奨学金の支給を受けてきたことでしょう。その場合、社会人になると、今後長い期間にわたって奨学金の返済があります。

もしご両親から学資の支援を受けてきたのなら、心から感謝の気持ちを伝えてください。就職して最初に受けた初任給をお世話になった方に手渡すこともあるようです。大変良い考えではないでしょうか。初任給は自分の初めての収入だから、自分で使いたい気持ちもわかります。でも**これまで長い間、自分の成長とともに教育を支援してくださった方々へ**

の感謝の気持ちは決して忘れないでください。初任給を手渡す代わりに、どのような形でもよいので、独立できるようになった感謝の気持ちをお世話になった方々に伝えてみてはどうでしょうか。

②自分にあった就職先を

大学卒業後には、多くは就職することになります。大学で学習したことを中心に自分に合った就職先を選んで、就職活動を進めてください。

大学卒業前に企業に出向いて勉強をするインターンシップが注目されています。企業で何が求められるかを知るよい社会勉強になるでしょう。また、就職する際にも役立つはずです。企業もそのような実習生を歓迎してくれることと思います。

このインターンシップは米国では幅広く実施されているようですが、日本の大学ではまだまだのようです。社会で求められている実学の習得も、卒業前には大切と思います。単に将来就職する企業に表敬訪問する、あるいは仕事内容を偵察に行くといった考えもあるかもしれませんが、大切なのは、社会人として何が求められているのかを目の当たりにできるよいチャンスだということです。それぞれの企業が、未熟な学生も広く受け入れてくれるような教育体制ができているのかを知ることにも役立つはずです。

③就職で求められる面接について

よく耳にするのは、就職の際に求められる面接についてです。

面接については、たいていの学生は大学入学の際に十分経験していることでしょう。まずは入学の際の面接について、少し振り返ってみましょう。受け入れる大学側は、主に入学後進学上問題になりそうな学生でないかをあらかじめ知りたいとの意向があります。また、これまで顕著な経歴や優れた人格や素養のある人を拾いあげようとしている大学もあるかもしれません。

就職時の面接についても同様のことが言えます。人格や態度などで問題のありそうな場合には、それが原因で落第することも十分あり得ます。したがって**面接試験では、きちんとした態度で、質問に対して的確に対応することが大切**です。ここでは、就職の面接に限らず、面接の一般的なことについて記載します。

面接では、学歴や大学時の成績とは異なる、人物そのものやその人の考え方が評価されるのです。面接の際には、その職場を選んだ動機などが最初に問われるでしょう。それに対しては、準備した答えを要領よく返答すればよいはずです。このような基本的なことを最初に問うのは、まず学生の緊張をとるためのものです。また、大学生として主に力を入れてきた勉学の内容は必ず問われるでしょう。もしその就職先でぜひ取り組みたい専門領域があるなら、それを説明するとよいでしょう。面接官にその専門領域と関係が深い方や、あるいは興味を持っている方がおられたら、きっと大いに喜んでくださり、プラスに働くはずです。そのような学生をぜひ採用したいと思うでしょう。学生時代に特に興味を抱いた専門のテーマを存分に語るとよいでしょう。

その後、学生生活などについての具体的な面接質問がくるはずです。勉強のことはもちろん、大学内でのクラブをはじめとする活動のこと、アルバイトなどの学外活動のことを訊かれるでしょう。さらには種々の社会問題などについても質問があるかもしれません。おそらく、面接の際には予想質問などの情報を事前に集めて、あらかじめ準備しているでしょう。たとえば「最近読んで感動した本は？」などと質問されると、得意げに模範解答が出てきます。「面接官から「それではあと二冊本を紹介してください」と尋ねられると、本当によく読書しているなら、次々と回答できるはずです。単に面接だけのための準備をしていたのなら、この二番目の質問では立ち往生するかもしれません。

面接で訊こうとするのは、これまでの実際の日常の学生活動や考え方、さらには社会人として取り組もうとする姿勢なのです。それらについて実際の自分自身の姿を、ありのままの姿を語ってくれればよいのでは、と思います。

最近の社会問題や注目されているテーマについて質問される場合もあります。たとえば、ＡＩの今後の利用についての考えを訊かれることもあるでしょう。これには模範解答はないので、自分の意見を思った通りに答えればよいと思います。その対応を見ながら、面接官は採点していくことでしょう。

面接ではたいていの場合、学生を一人ずつ複数の面接官で評価します。ただこのやり方だと学生はかなり緊張するため、面接する側は受験生をリラックスさせるための配慮をしてくれるはずです。

また、面接をより効果的に実施するために、複数（三人から五人程度）の学生を集めて、複数の面接官が面接する場合もあります。この場合回答する学生の順番は、公平になるように順不同になります。もう少し多い人数の学生を集めて、討論や意見交換をして評価する面接討論が実施される場合もあります。学生の積極性や討論への参加姿勢を見るうえで、大切な面接形式です。ただ、討論だけではその人の性格を把握しにくいこともあり、消極的な学生には不利になりやすいとの問題もあります。このような討論会の後には、学生個別の面接を実施することが望ましいとされています。

大学入学試験の面接官を長い間担当してきて印象深かったのは、男子と女子の相違です。面接を受ける女子は一般に態度がしっかりして、落ち着いて適切な回答をする場合が多いです。それに対して男子の多くは、過度に緊張していて思うように自分の意見が伝えられないことがしばしばです。ちょうど受験期の二十歳前後は、精神年齢が女子のほうが男子に比べて高いことが多いので納得できます。もちろんそのような緊張感をできるだけ軽減するように配慮はしていますが、客観的に見ても女子のほうに面接の点が高くなる傾向はあります。これは面接官がほとんど男性であることも影響しているかもしれません。

ある時、女性教員とともに面接をしたことがあります。その先生は女子学生に対して比較的厳しい点数をつけておられるようでした。その先生と面接を共にし、成績を見比べながら、良い勉強をさせてもらったとの印象が残っています。最近は女性教員も増えてきているので、面接も種々の配慮をしたうえで男女の差をあまり意識せず、受験生のこれまでの学生活動や考え方を聴きつつできるだけ公平かつ的確に評価しているはずです。**面接を受ける側も男女のことは意識せず、自分の意見を前向きに述べていくとよいでしょう。**

数年前、ある大学で男子受験生に有利になるような配点をしていることがわかり、問題になったことがありました。男子学生を取りたいとの大学教員の意向があったのでしょうが、それにしても性別で配点に差をつけるのはとんでもないことです。今後このような差別のないことを願っています。

大学生として数年間過ごしてくると、それぞれ皆成長してくるため、大学入学時に見られた男女差は、それほど顕著ではないでしょう。採用でもジェンダー平等の観点は重要視されていますが、それでも職種の内容から男性向きや女性向きの職場も存在します。そのため、実際には就職後の業務の観点から男女のそれぞれの特徴は大いに考慮されることでしょう。

学生側としては、面接の際にはそこで何が求められているのかを把握して、落ち着いて的確に面接試験に臨んでほしいと思います。これまでの学生生活をどのように前向きに過ごしてきたか、そして今後社会人としてどのように取り組もうとしているかが面接で問われているのです。**これまで大学生として学び経験したことを、今後社会人としてどのように活かそうとしているのか、積極的に働こうとする姿勢を忘れないでほしい**と思います。

面接の際の注意点について、これまでいろいろと述べてきました。大学入学の際の面接は、入学後に問題となりそうな人を事前にチェックする意味合いがある一方、**就職の際の面接は、**その企業に就職後にしっかりとした業務をこなせる能力があるかを見るためのものです。とりわけ今後**社会人として、十分なコミュニケーションをとっていけるかを判断されると**思います。また会社によっては、面接で得られたそれぞれの個人の能力や資質を見て、配置する部門を考えるために利用しているかもしれません。したがって**面接で自己アピールをすることは極めて重要**です。特に学生は大学生の折にさまざまな学習や資格取得、さらには種々の社会経験をしています。それらを上手に相手に伝えることが大切です。

面接を受ける際には十分な準備が必要です。簡潔に要領よく回答する姿勢も評価の一つになるはずです。長々と語ることはあまり良い印象を与えないかもしれません。海外留学や留学生との交流などの経験があれば、ぜひ紹介して、どのようなことに興味を持ち周囲と話し合ったかなど、具体的なことを簡潔に語ることが大切です。これによってどの程度国際的な感覚があるのか、あるいはどの程度広い視野を持っているか、など個人の能力や性格にわたる大切な情報をアピールできます。もし就職先が国際的な活動をしているところなら、大きな得点を得ることになるでしょう。

④さらに勉学を進める

さらに勉学を進めることも大切な考えです。そのために大学院に進むのも推奨できます。自分の優れた能力を養い、将来社会のために貢献する姿勢です。また自分自身にとっても大きな挑戦であり、一定の成果を上げることで満足できるはずです。

大学を卒業後、理系の学部では大学院修士課程に引き続き進学することも多いでしょう。修士では教員の指導の下、専門分野の研究を行うことになります。そしてその成果を修士論文としてまとめることで、その修士課程を修了することになります。その後は就職することがほとんどです。

研究にさらに没頭したい人には、博士課程に進学することが勧められます。医学部や歯学部、獣医学部などの場合には、六年生を終了後、そのままかあるいは一定期間を経て大学院博士課程に進学して研究者を目指すことになります。薬学部では、大学入学時点で四年生コースと六年生コースのどちらかを選択します。薬剤師の資格取得を目的とする場合には、求められる実習のある六年生を修了して資格試験を受けることになります。四年生コースでは、その後修士や博士課程の取得を目指す研究者向けの課程となっています。

もちろん、大学院に入らず、社会人として活躍する人も多いでしょう。卒業後社会人としての素養がある程度身についたら、最も興味を引く専門領域を決めて**若いうちに大学院に進学して、その領域を掘り下げる研究に従事することも大切な選択肢**です。

大学卒業後、そのまま大学院に進学することもあるでしょう。また、いったん社会人として就職した後、研究テーマを持って博士課程に再入学する場合もあるでしょう。博士課程の場合、社会人枠を用意している大学も多く、その場合は昼間仕事をした後、夕方からあるいは週末に勉学を進めることになります。大学側もその準備をしているはずです。社会人入学と言われる制度です。大学側も社会人としての仕事の継続を十分考慮してくれます。詳しくは各大学の状況を調べてみてください。

大学院では、各々の領域で何が話題となっていてどんな内容の研究や実用化が進んでいるかを目の当たりにすることができます。また、その中で実施されている研究の一端を担うことができることは、その後自信にもつながります。さらには、大きな研究のテーマの中で、自分が担当してきた仕事がどのような位置を占めたか、役割を演じてきたのかを知ることも意義が深いと考えます。

多くの場合は、教室の中の継続してきている研究テーマの一つを担当することになるでしょう。でもひょっとすると、苦労して自ら研究テーマを立ち上げることにもなるかもしれません。その苦難の結果、自ら作りあげた成果は大いに称賛されるでしょう。さらには自分で行った研究がどのように社会に還元されるのかを見ることもできます。その領域の研究の一翼を担うことができたことを知ることも、大切なことでしょう。

もちろん、その後研究が面白くなって、大学院の終了後もポスドクとして研究を継続発展させるのもよいことでしょう。優れた成果を挙げていると、大学の助教などのポストに就任できるチャンスが回ってくるかもしれません。もちろん、大学院修了後、また社会人として病院や企業などの業務に戻っても一向にかまいません。社会人に戻っても、一定期間自分自身が研究に従事したことはきっと自信と経験となってその後に役立つことでしょう。またこれらの経験は、必ず将来の社会に還元されると考えます。

研究のテーマが定まったら、まずはこれまでどのような報告がなされてきたか、文献検索から始めます。そして、その中からどのような新しい研究内容に発展させていくかを熟慮していくことになります。もし独創的な解析技術があれば、それを駆使して、これまでの報告結果を検証したり、あるいは新しい領域に応用したりすることも必要となるでしょう。そのためには、周囲の研究グループや関連大学、場合によっては関連企業とも情報交換し、連携をしながら研究を進めてもらいたいものです。研究の具体的な進め方についてはすでに一部紹介しましたし、種々の専門の本も多数出版されているので、ここでは割愛します。

一定の成果が得られたら、ぜひ論文作成を進めてください。文系の論文についてはよくわかりませんが、理系の論文の場合には、その内容の重みを考えて、できれば多くの方々に読まれている著名な国際誌への投稿に挑戦してみてください。ハイレベルの雑誌では多くの場合、厳しい批判を受けて論文採択されないこともあるでしょう。でもそこで得られる論文の批評は、次の雑誌に投稿する際に役に立つはずです。あるいは追加実験も必要になるかもしれません。論文を公表するとともに、関連する学会などに積極的に参加して、その成果を発表してみてください。きっと貴重な意見を伺うことになるでしょう。それが論文としてまとめる際に参考になるはずです。

論文公表と学会発表とどちらが大切か、とよく問われます。私は前者のほうがはるかに価値は高いと思います。学会発表はその時には評価されても、その評価は一年くらいしか持ちません。でも、論文は価値の高い内容なら十年、二十年と長く評価され、論文引用も数多くされるでしょう。若い先生にいつも伝えているのは、「学会発表も大切だけれど、できれば発表するまでに論文を仕上げておけ」ということです。論文までできていると、学会発表の折に厳しい批判や質問を受けてもスムーズに答えられるはずです。逆に学会発表後に論文にまとめようとしても、発表で疲れてしまってなかなか論文にする力がわいてこないものです。前述したように、五感を活用して研究の推進を図ってください。そして**良い論文を作ることに精力を注いでください。**

大学教員を長く務めていると、次の世代の教員の人選をする機会がたびたびあります。特に教授などの主要なポストの人選をする場合、どの程度著名な学術誌に論文を発表しているかが評価の主要なポイントになります。特に雑誌の価値を示すImpact Factorという数値があります。この数値の高い雑誌にどれくらい発表してきたかを整理して、複数の候補者の中で対比検討していくことになります。他方、どれくらい国際学会で発表しているかなどはほとんど評価の対象になりません。

人生の中で、将来自分の業績を評価される可能性もあるでしょう。その意味でも、**ぜひ若い頃から自分の研究内容を論文としてまとめていく習慣をつけておいてほしい**ものです。

⑤大学に残るのも一案

大学での大学院修士や博士課程を修了して学位を取得した後は、社会に出て学んだことを実践していくことが多いでしょう。でも、その後**大学に残ることも一つの選択肢**です。特に博士号を取得して研究実績もある若手には、大学側も教員の職（助教など）を提供しやすくなります。教員になると、文部科学省などから募集される種々の研究費の申請も可能になります。研究費の獲得をはじめ、相当数の論文などの成果の挙がっている人には、さらに講師や准教授などの上位の教員ポストを獲得する可能性も広がってきます。

大学の大きな役割は最先端の研究の推進と、それを担う若手研究者の育成です。研究と教育とは表裏一体の関係にあります。大学は一般に研究が評価の対象となるため、そちらに力が入ります。一方、教育は評価の対象とはなりにくいものの、その意義は極めて大きいものです。自分自身やその周囲の研究の発展を目指すことは当然ですが、大学の本来の目的である若手の教育にも力を注いでもらいたいものです。自分のこれまで学んできた経験を活かして、次の世代の育成のために、優れた教育を実施してほしいものです。魅力ある教育をするためには、さらなる勉強が必要になります。大学人として、勉強は一生続くものと考えます。私自身が長年勤めてきたこともありますが、大学での教育は本当に魅力があります。また学生や若手研究者を指導し彼らとの交流を深めることで元気をもらうこともあります。

前にも記述しましたが、大学の先生は小中高校の先生と異なり、教員の資格を有していません。また大学の先生の多くが研究に没頭するため教育には十分な時間を割くことができませんし、関心のない人も多いでしょう。しかし、だからと言って大学での教育はいいかげんにしてもよいというわけにはいきません。大学の教育の重要性は以前より強調されています。大学によっては教育センターなどを設置して教育専門家を配置して、より優れた高度専門教育が実施できるように努めるとともに、それを実践できる人材育成にも努めています。

⑥企業との連携の可能性を探る

企業側でも、大学と連携して共同研究を進めたいと願っている施設や、すでに推進している施設も多々見受けられます。また、企業で働く人の中でも最先端研究に従事している方もあり、研究が好きで、大学院に入ることを視野に入れている方も多いと伺います。

大学と企業との垣根はかなり低くなり、自由に往来できるようになりました。企業の方が研究テーマを持って大学に来て独自の研究を発展させたり、あるいは大学の研究者が一時的に企業に移って自分の研究の実用化に取り組んだりするのもよいでしょう。大学と企業双方の人事交流や協同研究がさらなる発展を生むと思います。

どこにいても一生学び、それを実用化する橋渡し研究（Translational research）や、実地で生じた課題を大学に持ち帰って基礎研究に戻って検証する研究（Feedback research）のどちらの姿勢も必要でしょう。大学の立場からすると、企業の実用化の立場に立った若手研究者と魅力ある研究をする機会が増えることはうれしい限りです。企業の研究者にとっても、じっくり基礎的な研究に携わって、一定の研究成果を上げる研究に従事する経験は、将来企業に戻った後に役立つはずです。企業にとっても、そのような研究者を持つことはプラスになるでしょう。大学と企業との距離が近くなる利点も大きいはずです。

最近では、企業内大学の考え方も発展しています。ＡＩの進化や労働市場のさらなる流動化など、人材開発の観点から大きなインパクトをもたらすと期待されます。大学と企業との垣根がなくなりつつあるとも言えます。

私自身が北海道大学にいた時に、産学連携プロジェクトの公募がありました。すでにいくつかの企業と共同研究を進めていたこともあり、さっそく応募しました。企業から数年間、毎年数億円の研究費を大学に出すことが条件で、その中には人件費も含むことができます。その産学連携プロジェクトが認められれば、ほぼ同額の研究費を国が出してくれるというものです。言わば産学官の大型連携プロジェクトです。

二〇〇六年に公募があり、九つのプロジェクトがスタートしました。三年後にはその間の成果発表があり、その中から幸い私たちのものを含む三つのプロジェクトが継続課題に選ばれました。そこで計十年間そのプロジェクトを継続・発展させることができました。産業界と国の費用を合わせると百億円にものぼる巨大な産学連携プロジェクトになり、新聞などで大きく報道もされました。大学はもちろんのこと、企業にとっても大きな成果が得られています。

学内にはさまざまな寄付講座ができて、研究を促進する優れた研究教員を雇い入れることができました。また、企業からも研究者が大学に来て、共同研究が進みました。企業の一部の方は、大学での研究が進み、この大学の教授職を取得される方もおられました。さらには国内外の有識者を招いての研究発表会や本の発行など、内外にその成果を出すこともでき、国からの評価を高めることにも役立ちました。もちろん、その研究から最先端の論文を公表できただけでなく、さまざまな特許の申請や取得をすることもできました。その後も、国内の大学と企業をつなぐさまざまな産学連携プロジェクトが加速していると伺っています。

私たちが取り組んだ研究プロジェクトのテーマの一つが、半導体検出器の画像診断への応用でした。当時からかなり高額な半導体システムでしたが、その物理的特定は優れており、鮮明な機能画像が得られることを示すことができました。その後も半導体システムを利用した研究開発は進み、今日では種々の画像診断装置に応用されるようになっています。その先駆けとなった研究テーマに取り組むことができたことを誇りに感じています。

大学内で独自の研究路線を歩むことはもちろん大切ですが、その成果を企業に振り分ける、あるいは企業と一緒になって取り組む姿勢は、今後も求められていくものと思います。

そのためにも**大学と関連企業との人事交流は極めて大切**だと考えています。

5. 教員からのアドバイス

大学生活は、最も自由奔放に楽しめる機会であるとともに、社会人となる前段階として心の準備をする大切な時期でもあります。教員もかつては学生でした。もちろん、現在とは環境や生活様式などは多少異なっているでしょうが、学生生活はほとんど変わらないはずです。そういった意味でも、学生諸君には、周囲の教員から学問はもちろん生活様式に至るまでさまざまな点で指導を仰いでほしいと思います。

これまで繰り返し述べてきたことをまとめておきます。学習内容は、昔からある定められた内容があります。でもまだ確定されていない、流動的な内容も数多くあります。**定められたことを学ぶだけではなく、どうしてそうなったのか、そこからどのようなことが発展するのか、などを自分自身で考えてみてください。**必ずしも正解があるとは限りません。

ぜひ周囲との意見交換や討論を通して、さらには周囲にある文献や報道なども参考にして、考えを深めてください。その**考え抜く姿勢が、今後社会人として役立つはずです。**

また、研究の道を歩む場合、予想にはずれた思いがけない現象に遭遇するかもしれません。その際には、なぜそうなったのかをじっくり考えてみてください。その中から新事実や新しい発展があるかもしれません。「セレンディピティ」という考え方を「卒業論文などの作成」の章で説明しました。授業や実習などでは、そのような最先端の研究にもぜひ触れてみてください。

もし、実際に文献などの検索の際や、あるいは自分自身で種々の実験に取り組んでいるなどの際に、**思いがけない現象にぶち当たったら、立ち止まってじっくり思考を巡らせてください。そのことが間違いのない新現象であれば、可能な限りその内容を発表して、周囲の専門家の意見を仰いでみてください。**皆が注目するような新発見につながるかもしれませんよ。そのような経験が、研究者としての醍醐味になるのではないかと思います。これこそが一流研究者としての大切な研究姿勢だと考えます。

教員は、学生に教えるとともに学生から教えてもらうことも多くあります。教え教えられるという双方向性の教育の姿勢を通して学生も繰り返し思考を巡らせ、また教えるほうも学生から元気をもらっています。そのような学習を通してお互いに価値のある学習ができ、その姿勢の大切さを実感できることでしょう。

むすびにかえて

私の経験を交えながら、大学生活を楽しく有意義に過ごす方法を述べてきました。繰り返しになりますが、大学生活が人生の中で最も充実して楽しめる時期だと多くの方々が言われます。皆さんはその貴重な大学生活をこれから過ごしていく、あるいは今、十分楽しんでおられることでしょう。

周囲の大学教員には学生の講義や実習にやりがいを持って臨んでおられる方々がたくさんおられます。学生から元気をもらう、とよく話し合っています。若手の研究を指導される先生もおられますが、皆学会発表や論文作成の指導に意欲的に取り組んでいるようです。

私自身は幼稚園から高校まで、ずっと大学附属学校に通い、その後大学教員として教育に長年取り組んでいる珍しい経歴を持つ一人です。小さい頃から優れた諸先生方から魅力的な指導を受けてきました。もちろん大学でも、魅力あふれる教育指導を受けたことはこれまでに紹介しました。さらには研究者として最先端の研究テーマを与えていただき、ハイレベルの研究成果を挙げてきました。私は優れた指導教員に追いつき、追い越せ、ということを密かな目標にしてきました。若い頃に優れた教育を受けてきたなら、その返礼として、今後は自分が次の世代に魅力あふれる教育を施すことが大切だと思っています。

これまで大学教員として、教育に力を注いできました。私を指導してくださった多くの先生方をはじめ、私に元気を与えてくれている学生や若手研究者への感謝の気持ちを込めて、この本では自分の意見を存分に書かせてもらいました。

なお、これまでにもいろいろなアドバイスを本に記述してきました。詳細は私の既刊書籍をご覧ください。

皆さんには、**大学では、学習はもちろん、今後社会人として巣立っていくための社会学習や意見交換の大切さを学んでいただきたい**のです。**そして何より大切な生涯にわたる仲間を作ってほしいと願っています。**また、**所属する大学の教職員も大切にしてほしい**ものです。

最後に、私が周囲の仲間や後輩たちに述べている大切な言葉を紹介しておきます。それは**大きな志を持って邁進《まいしん》してもらいたい**、ということです。「若者よ、大志をいだけ『Boys

Be Ambitious!』」は、北海道大学（北海道農学校）創設の時代に訪問されたWilliam Clark博士が、北大を去る際に語った有名な言葉です。実際には札幌農学校出身の新渡戸稲造先生がこの言葉に関与したと言われています。北海道大学の正面入り口にある中央キャンパスの芝生には、この言葉をつづった石碑があります（図）。北大ではフロンティア精神を大学の理念の一つとして掲げています。

大学に入学する学生は、無限の可能性を秘めています。北大での研究の成果からノーベル賞を受賞された鈴木章名誉教授に、私たちが主催する学会で特別講演をしていただきました。その講演の中で、「夢を抱いて研究を推進しなさい。そして研究の途中で思いがけない成果を得たら、それを熟慮し大切にして、優れた研究に繋げなさい」と述べておられました。実際、北海道大学では生命科学系や理工系との連携を推進しており、さまざまな先駆的な研究が実施されています。そこで勉学をする**若手研究者は、無限の可能性を秘めています**。これは北大に限らず、どの大学でも同様のことが言えます。

皆さんには大きな希望を持って、学生時代の勉学に励んでほしいものです。そして機会があれば、新しい研究に挑戦してほしいと思います。その成果は大学内ではもちろん、国内でも国際的にも通用するような高いレベルを目指し、あるいは継続してください。そのために**も学生時代から国際感覚を養い、海外の人々と自由に意見交換をする姿勢を大切に**してもらうことを期待しています。

クラーク博士や新渡戸稲造先生の時代からだいぶ経過していますが、現代の私たちもやはり「**若者よ、大志をいだけ**」と声を大にしています。

北海道大学本部前にある石碑

著者プロフィール

玉木 長良（たまき ながら）

1952年岐阜生まれ。5歳から10年間を長崎で過ごし、その後京都へ転校する。高校3年生の時に1年間米国に交換留学。帰国後京都大学医学部に入学、卒業後医学博士を取得した。その後米国ハーバード大学に2年間留学、最先端の研究を学ぶ。帰国後京都大学教員を務め、1995年より北海道大学医学部教授として勤務。そこで定年までの21年余りを過ごす。その間、大学病院副病院長や医学部長、研究科長などの要職を務める。定年退職後、6年間京都府立医科大学で特任教授として後輩の指導に当たってきた。現在は京都医療科学大学で学長として勤務し、診療放射線技師の養成に尽力している。

主な著書
『尽きせぬ想いを寄せて』（2017年、自費出版）
『学ぶことは生きがい　大学と共に歩んだ60年の経験より』（2017年、三浦印刷）
「医学の道—大学教員からのアドバイス—」（Kindle 2022年 / オンデマンド2023年、ともに幻冬舎）
「魅力的な医学研究者を目指して—大学教員からの期待—」（2023年、ブイツーソリューション）

大学生活をより豊かに　どう過ごすかはあなた次第です

2024年7月15日　初版第1刷発行

著　者　玉木 長良
発行者　瓜谷 綱延
発行所　株式会社文芸社
〒160-0022　東京都新宿区新宿1－10－1
電話　03-5369-3060（代表）
03-5369-2299（販売）

印刷所　株式会社フクイン

ISBN978-4-286-25461-6